Stephen Beck
mit Frauke Bielefeldt

Mission Mosaikkirche

Wie Gemeinden sich für Migranten
und Flüchtlinge öffnen

BRUNNEN
Verlag GmbH · Giessen

Soweit nicht anders angegeben, sind die Bibelverse
folgender Ausgabe entnommen:
Die Bibel nach Martin Luthers Übersetzung, revidiert 2017,
© 2016 Deutsche Bibelgesellschaft, Stuttgart.

Weiter wurden verwendet:
– Hoffnung für alle®, Copyright © 1983, 1996, 2002 by Biblica, Inc.®.
Verwendet mit freundlicher Genehmigung von 'fontis – Brunnen Basel (HFA).
– Gute Nachricht Bibel, revidierte Fassung, durchgesehene Ausgabe,
© 2000 Deutsche Bibelgesellschaft, Stuttgart (GNB).

MIX
Papier aus verantwortungsvollen Quellen
FSC® C083411

3. Auflage 2019

Umschlagfoto: Petar Chernaev/istockphoto.com
Umschlaggestaltung: Jonathan Maul
Satz: Uhl + Massopust, Aalen
Druck: CPI – Ebner & Spiegel, Ulm
ISBN Buch 978-3-7655-2075-4
ISBN E-Book 978-3-7655-7485-6

www.brunnen-verlag.de

Für meine 24 Studenten
und alle anderen, die 2011 den Mut hatten,
mit mir und meiner Frau etwas Neues zu beginnen,
das zum größten Abenteuer meines Lebens geworden ist.
Danke euch!

Inhaltsverzeichnis

Einleitung

Dieses Buch handelt von vielen Dingen: von Gemeindegründung und Gemeindemultiplikation. Davon, wie eine Gruppe von Studenten etwas in Frankfurt anfing, das eine besondere Eigendynamik entwickelte. Rasantes Gemeindewachstum ist ein weltweites Phänomen, doch in Europa, wo wenige Gemeinden wachsen und noch weniger sich multiplizieren, findet es sehr selten statt. Unsere jungen Gemeinden sind noch klein und zerbrechlich und erleben die gleichen Herausforderungen wie alle anderen: die üblichen chaotischen Phasen, die üblichen menschlichen Beziehungsdramen sowie die häufige Erfahrung in Gemeindegründungen, dass die Leute, die anfangs am meisten begeistert waren, die ersten sind, die wieder gehen – mit bitteren Vorwürfen gegen den Gemeindegründer, weil er Gemeinde nicht genauso baut, wie sie es sich vorgestellt haben.

Unsere Mosaikgemeinden liefern nicht das Erfolgsrezept für Gemeinde im 21. Jahrhundert. Das Besondere ihrer Geschichte liegt darin, auf welche Weise sich die ursprüngliche kleine, wackelige Gründungsinitiative innerhalb von sechs Jahren zu mehr als zwölf Gemeinden vermehrt hat – nämlich nicht nur nach einem immer gleichen Modell, sondern nach verschiedenen Ansätzen und in Zusammenarbeit mit verschiedenen Denominationen vor Ort. Was uns zusammenhält, ist unsere gemeinsame DNA, die wir zuerst „Multi-DNA" nannten und die nun zu unserer Mosaik-DNA geworden ist. Inzwischen wissen wir, dass sich überall in Europa Ähnliches entwickelt hat. Deshalb habe ich Kollegen aus verschiedenen Ländern gebeten, kurze Einblicke in ihre Erfahrung beizusteuern. Einige haben dies getan und so ist dieses Buch auch ein kollektives Zeugnis, wie Gemeinden dynamisch werden, wachsen und sich vermehren, wenn sie sich bewusst oder unbewusst auf die Mosaik-DNA einlassen.

Damit handelt dieses Buch auch von dem größten Abenteuer meines Lebens. Wenn Sie mir 2011, als unser kleines Experiment kurz vor dem Ende stand, gesagt hätten, dass ein Jahr später Muslime anfangen würden, in die Kirchen und Gemeinden Europas zu strömen, um Christen zu werden und vom Evangelium radikal verändert zu werden, hätte ich Ihnen die Adresse der nächsten Klinik in die Hand gedrückt, die Menschen mit Halluzinationen behandelt. Nie zuvor habe ich die Kraft Gottes im Evangelium und einer Gemeinschaft, die darin lebt, so stark erfahren wie in dieser Zeit hier in Frankfurt. Was hier passiert ist, geht weit über eigene Strategien hinaus. Dass Migranten und Flüchtlinge in unsere Gemeinden kommen und fragen, wer Jesus ist und wie sie Christen werden können, kann auch die beste Strategie nicht bewirken. Deshalb geht es in diesem Buch letztlich nicht so sehr um ein neues Netzwerk oder eine neue Bewegung, sondern über das Außergewöhnliche, das Gott zurzeit tut. Wir danken ihm dafür, beten ihn an und fragen nach den Besonderheiten in diesem Werk Gottes, um die „DNA" hinter seiner Bewegung zu erkennen und diese Faktoren bewusst in alles einzubauen, was wir tun.

Einer unserer „Multi"-Faktoren war der Ansatz, von Anfang an auf die Integration anderer Nationen zu setzen. In der Frankfurter Metropolregion gab es seit dem Zweiten Weltkrieg schon jede Menge Migration. Doch dann begann 2011 die Flüchtlingswelle zu rollen und auf einmal nahm unser Unternehmen noch einmal ganz anders Fahrt auf. Deshalb handelt dieses Buch auch von einer der größten Herausforderungen, vor denen dieser Kontinent je gestanden hat: die buchstäbliche Invasion mehrerer Millionen Menschen, die dem Blutbad der Islamisten entflohen sind und ihre vom Krieg verwüsteten Heimatländer verlassen haben. In den letzten Jahren haben riesige Massen verzweifelter, traumatisierter Menschen die Straßen des Nahen Ostens und die Wüsten Afrikas durchquert, um nach Europa zu kommen. Politiker und Medien nennen es „Flüchtlingskrise". Worüber nicht berichtet wird, ist der Effekt, den diese Menschen auf kleine, um ihre Existenz ringende Gemeinden haben, wenn sie ihren Fuß in diese christlichen Kreise setzen. Die politische „Flüchtlingskrise“ wird zu einem Katalysator für einen Wandel in der Kirche. Gemeinden werden zu dynamischen Werkstätten des Geistes Gottes, wenn sie sich für die Fremden öffnen und die radikalen Nichtchristen als von Gott geschickt ansehen können. Die Bekehrungen dieser Menschen aus ganz anderen Kulturen erneuern momentan überall unsere bestehenden Gemeinden.

Deshalb ist dieses Buch letztlich kein Ruf zu sogenannten „Flüchtlingsgemeinden“ oder der bloße Appell, sich auf die aktuelle Flüchtlingswelle zu konzentrieren. Es geht um mehr, nämlich darum, dass die Kirche bewusst das tut, was sie schon Jahrzehnte früher hätte tun sollen, als wir merkten, dass unsere Gesellschaften multikulturell werden. Wir hätten die Einwanderungswellen viel tiefer wahrnehmen sollen als nur auf der sozio-geopolitischen Ebene. Dann hätten wir in ihnen die Hand Gottes erkannt und seinen Ruf gehört. Die Bibel spricht vom Segen Abrahams für alle Völker (1. Mose 12,1-3) und folgert, dass Gottes Volk ein besonderes Herz für den Fremden in seiner Mitte haben soll (5. Mose 10,18-19).

Dietrich Bonhoeffer schuf 1944 den Begriff der „Kirche für andere“. Ich sehe in der Flüchtlingswelle, die über Europa und besonders über Deutschland gerollt ist, Gottes ernsthafte Erinnerung und erneute Chance – vielleicht die letzte, die wir bekommen –, um unsere Herzen und Gemeinden für die vielen Migranten zu öffnen, die unter uns leben und die wir so lange ignoriert haben. Die aktuellen Entwicklungen haben viele Gemeinden dazu bewegt, ihre monokulturelle Homogenität aufzugeben und die Integration von Menschen aus fremden Kulturen zur Normalität zu erklären: Kultur und Sprache des Landes prägen weiterhin das Gemeindeleben, doch gleichzeitig werden Migranten und ihre Kulturen begeistert aufgenommen, auf Augenhöhe behandelt, gefeiert und geschätzt. Das ist, was ich mono/multikulturelle Gemeinde nenne.

Nicht zuletzt ist dieses Buch auch Zeugnis des atemberaubenden Tempos der Entwicklungen. Als ich Anfang 2016 mit dem Schreiben anfing, waren wir noch ein kleines Netzwerk von zehn Gemeinden im Raum Frankfurt. Doch dann überschlugen sich die Ereignisse und überall wuchsen weitere Vernetzungen. In unserer Region entstanden neue Mosaikgemeinden bzw. schlossen sich unserem Netzwerk an. In Deutschland formierte sich die Bewegung MissionMosaik, die Gemeinden landesweit miteinander vernetzt und die Mosaik-DNA in die unterschiedlichsten Organisationen trägt. Außerdem wuchsen die europäischen Kontakte und ich wurde als Referent zu verschiedenen Konferenzen in andere Länder eingeladen. Was ich zunächst in Epilogen ausführte, wurde schließlich zum ausgewachsenen Hauptteil, sodass es im Herbst an der Zeit war, das Buch komplett umzubauen. Das war auch der Moment, als Frauke Bielefeldt als Lektorin dazustieß und schließlich zur Co-Autorin wurde.

Nun finden Sie im Teil 1 alles zur Geschichte von Mosaik, von der Entstehung unserer Mosaikgemeinden (Kapitel 1) mit ihren speziellen Wachstumsfaktoren (Kapitel 2) über die besonderen Ereignisse durch die Flüchtlingswelle (Kapitel 3) bis hin zur Bewegung MissionMosaik (Kapitel 4). In Teil 2 führe ich Sie in die theologischen (Kapitel 5) und praktischen (Kapitel 6) Grundlagen der mono/multikulturellen Gemeinde ein und zeige Ihnen, was dies für Evangelisation (Kapitel 7), Gottesdienst (Kapitel 8), Gemeindeleben (Kapitel 9) und Bekehrung und Taufe (Kapitel 10) bedeutet. Am Schluss wende ich mich dann einigen Ängsten (Kapitel 11) und Frustpunkten (Kapitel 12) zu, die im mono/multikulturellen Gemeindebau eine besondere Rolle spielen.

Zu guter Letzt ist dieses Buch eine Einladung an Sie, liebe Leser: Ergreifen Sie diesen besonderen Augenblick in der Geschichte, den Gott geschaffen hat! Der Herr der Nationen, der Menschen jeder Sprache, Volksgruppe und Nation zu sich ruft, *„bis die Vollzahl der Heiden hinzugekommen ist“* (Römer 11,25), hat eine Welle der Nationen in Form von Millionen Flüchtlingen in Gang gesetzt. Reiten Sie mit auf dieser Welle – und damit hinein in Ihr größtes Abenteuer!

Zuallerletzt noch eine kleine Vorwarnung und einige Danksagungen: Alles, was wir hier schreiben, ist Stand Frühjahr 2017. Wenn sich die

Dinge weiterhin so schnell weiterentwickeln wie in den letzten Monaten, in denen wir manche Passagen mehrfach umschreiben mussten, dann wird dieses Buch, wenn es im Juni pünktlich zur ersten großen Konferenz von MissionMosaik in Berlin erscheint, vielleicht schon nicht mehr in allem völlig aktuell sein, sei es der Überblick über die einzelnen Mosaikgemeinden, der Stand der Bewegung MissionMosaik oder auch die politisch-gesellschaftliche Großwetterlage. Oder ich muss den zweiten Band schreiben, bevor Sie diesen hier zu Ende gelesen haben …

Besonderen Dank möchte ich meiner Frau sagen, die mich ständig in meinem Dienst begleitet. In ihrer ruhig-beruhigenden Art, ihrem Blick fürs Detail und ihrer Loyalität zu mir und meiner herausfordernden Berufung ist sie mein Rückgrat in meinem ansonsten reichlich unsteten Leben. Sie hat viele Stunden mit dem ursprünglichen Manuskript zugebracht, das ich zunächst auf Englisch verfasst hatte. Danke, Susan!

Ich danke Florian Hoenisch für die erste deutsche Übersetzungsfassung und meinen Kollegen an der Freien Theologischen Hochschule Gießen für viele hilfreiche Rückmeldungen zum Manuskript: Prof. Dr. Armin Baum, Prof. Dr. Ulrike Treusch, Prof. Dr. Christoph Raedel, Dr. Joel White, Dr. Heiko Wenzel und Ford Munnerlyn. Besonderen Dank auch meinen Kollegen im Gemeindedienst an verschiedenen Orten der Welt, die das Manuskript gelesen und mich zur Veröffentlichung ermutigt haben. Dank auch an die Mitarbeiter im Verlag, besonders an Uwe Bertelmann, der mich durch dieses Projekt begleitet hat, und an meine Co-Autorin Frauke Bielefeldt für ihre Umbauarbeiten, Rückfragen, Recherchen, Ergänzungen und Formulierungen.

Zu guter Letzt danke ich Frau Merkel, die diese Entwicklungen in dieser Größenordnung erst möglich gemacht hat mit ihrer mutigen, umstrittenen Entscheidung im Sommer 2015, die Flüchtlinge in Deutschland aufzunehmen.

TEIL 1

Was geschieht:
Die Mosaik-Geschichte

Kapitel 1

Der Wind weht über Frankfurt

„Wir wären nie selbst darauf gekommen, Menschen aus anderen Kulturen in die Gemeinde zu holen.“

Ein Christ in Deutschland (Januar 2016)

Februar 1957

Ein Ausländer in Deutschland – nicht gerade die beste Lebensperspektive angesichts der deutschen Geschichte im Umgang mit Fremden, aber das war mein Schicksal. Ich war 18 Monate alt, als meine amerikanischen Eltern mit mir und meinen drei Geschwistern nach Heidelberg zogen. So wuchs ich im Nachkriegsdeutschland auf und fühlte mich eigentlich als Deutscher unter Deutschen. Aber ich war kein Deutscher und wurde auch nicht als solcher behandelt. Als Kind verstand ich die Feindseligkeit nicht, die ich von manchen zu spüren bekam: dieser starre Blick, der mich durchbohrte, wenn sie herausfanden, dass ich in New York geboren war, oder das damals beliebte Schimpfwort, das vielen knurrend über die Lippen kam: „Ami, go home!“.

Die Situation wurde nicht besser, als wir als Familie nach Wien umzogen. Ein paar Oberschullehrer gaben mir regelmäßig eine Ohrfeige oder riefen mich im Klassenraum nach vorne, einfach nur, um mich lächerlich zu machen. Erst viel später erfuhr ich, dass meine zwei Hauptkontrahenten im Gymnasium während des Zweiten Weltkriegs in der SS gewesen waren.

Mit siebzehn Jahren kehrte ich in mein Geburtsland zurück. War ich nun Amerikaner, Deutscher oder Österreicher? Mit achtzehn traf ich Susan, meine Traumfrau, die ich mit zwanzig Jahren heiratete. Wir bekamen vier Kinder. Theologie – das Studium über Gott und die Bibel – wurde meine Leidenschaft und ich studierte bis zum Doktortitel. Ich mochte die intellektuelle Herausforderung des Theologiestudiums, aber am meisten Freude hatte ich daran, Jesus zu dienen, indem ich Gemeinden gründete und diesen dann als Pastor diente. Susan und ich gründeten unsere erste Gemeinde in einer Stadt mit 12 000 Einwohnern, dann die zweite in der Millionenstadt Toronto (Kanada). Dort nahmen wir die kanadische Staatsbürgerschaft an, damit die Deutschen nie mehr sagen könnten: „Ami, go home!"

Eigentlich wollte ich nicht mehr nach Deutschland zurück. In mir lebten einfach zu viele schlechte Erinnerungen an kritische Menschen ohne jeglichen Sinn für Humor, die mich für Dinge verantwortlich machten, für die ich nichts konnte, oder mich in der Schule schikanierten, weil ihnen mein Bestes nicht gut genug war. Der Spruch „Ami, go home!" hatte sich offensichtlich tief in meine Seele eingegraben. Sie können sich vorstellen, wie aufgewühlt ich war, als ich 2002 eine E-Mail aus Deutschland erhielt, die letztlich besagte: „Ami, komm herüber und hilf uns!" Es war eine Einladung der Freien Theologischen Hochschule (FTH, damals noch FTA) in Gießen als Dozent für Praktische Theologie. Man lud mich ein zu lehren, was ich über den Dienst für Jesus in und durch Gemeinde gelernt hatte, einschließlich eines Kurses über Gemeindegründung. Der Kampf zwischen meinen inneren Narben und der Berufung Gottes entfachte einen drei Jahre langen Sturm in meiner Seele und meiner Familie. Im September 2005 trafen Susan und ich die Entscheidung, nach Deutschland zu ziehen. Der Ami kam nach Hause!

31. Januar 2011

Unser erstes Treffen. 24 Studenten der FTH Gießen[1] hatten sich für ein Experiment in Frankfurt bereit erklärt. Wir nannten es *Kirche für alle Nationen*. Für mich war es die „Kirche für andere" – zumindest meine Umsetzung dessen, was Dietrich Bonhoeffer so genannt hatte, als er 1944 gegen die bestehende Kirche argumentierte und sich für eine „Kirche für andere" aussprach.[2]

Ich betonte in meinen Vorlesungen immer wieder, dass eine monokulturelle Kirche, die sich nur um ein kulturelles Milieu kümmert, sich von der wachsenden Vielfalt der Gesellschaft verabschiedet hat. Gemeinde, die Bonhoeffers biblisches Konzept der „Kirche für andere" umsetzt, muss auf die Einwanderungswellen seit Ende des Zweiten Weltkrieges reagieren. Im Unterricht führte ich die Studenten durch die Bibel und zeigte ihnen die zentrale Bedeutung des Fremden im Rettungsplan Gottes (vgl. Kap. 5). Die gehorsame Kirche Jesu schottet sich nicht vor Fremden ab, sondern öffnet ihnen die Türen. Wenn Migranten aus aller Welt jetzt die Metropolregionen Deutschlands zunehmend in globale Dörfer verwandeln, ist die einzige jesusgemäße Antwort darauf, sich ihnen zuzuwenden. Die Kirche kann in einer zunehmend multikulturellen Gesellschaft nicht mehr länger monokulturell bleiben.

Streng genommen war unsere „Kirche für alle Nationen" nicht als normale multikulturelle Gemeinde geplant, denn sie sollte sich nicht nur für alle Nationalitäten öffnen, die in Deutschland lebten (Türken, Griechen, Serben, Juden, Koreaner ...), sondern auch ein starkes deutsches Element beinhalten: Die Deutschen sollten mit ihrer Kultur eine bestimmende Rolle spielen und die anderen Kulturen in ihrer Mitte willkommen heißen. Weil ich damals noch nicht so recht wusste, wie ich diesen Ansatz nennen sollte, nannte ich ihn das „50/50-Modell".

Wir träumten also von einer Kirche aus Einheimischen und den Nationalitäten, die im Laufe der drei großen Einwanderungswellen seit dem Zweiten Weltkrieg nach Deutschland gekommen waren, und studierten die Migrationsbewegungen im Frankfurter Raum[3]. Interkulturelle Versöhnung durch die Kraft des Evangeliums sollte einer unserer wichtigsten Kernwerte als Gemeinde sein. Unsere DNA-Faktoren, aus denen wir unsere konkreten Kernwerte[4] und Strategien ableiten wollten, bestimmten wir als „multikulturell", „multisprachig", „multilokal", multivernetzt" und „multiplikatorisch"[5] – wir sprachen scherzhaft von der „Multi-alles"-Gemeinde.

Unsere Gemeindegründung sollte ein Übungsfeld für die Studenten sein, auf dem sie praktisch erlebten, was sie in meinem Unterricht lernten, und dies dann im Rhein-Main-Gebiet weitergaben. Wir hatten die Vision, bis zum Jahr 2025 zehn Gemeinden zu gründen: vier in Frankfurt, eine in Gießen, eine im Süden von Gießen und je eine in Wiesbaden, Offenbach, Mainz und Darmstadt (vgl. Karte).

Außerdem trafen wir eine Entscheidung, die manche Außenstehenden für ziemlich seltsam hielten: Jede unserer Gemeinden sollte nicht nur frei über ihren Namen entscheiden können, sondern auch, welcher Denomination sie sich anschließen wollte. Als Netzwerk würden uns die gemeinsamen DNA-Faktoren unserer „Multi-DNA" zusammenhalten, die wir später „Mosaik-DNA" nannten. Wir wollten den Denominationen in Deutschland dienen, indem wir mit jeder neuen Gemeindegründung sagten: „Diese Gemeindegründung kann jeder Bund adoptieren, der dem Gemeindegründer den Freiraum lässt, seine gelernten Prinzipien von Gemeindegründung umzusetzen und die biblische Theologie zu leben, von der er überzeugt ist, und der mindestens ein Drittel seines Gehalts übernimmt."

Wir beteten viel zusammen, hatten große Träume und wurden von vielen für leicht verrückt erklärt. Wir dachten groß, denn wir glaubten, dass es an der Zeit sei für ein neues Paradigma für die „normale Gemeinde". Mit großer Begeisterung gingen wir an unser erstes Treffen in Frankfurt am 31. Januar 2011 heran. Viele Deutsche und auch Menschen anderer Nationalitäten hatten ihr Kommen angekündigt.

Aber sie kamen nicht. Außer uns von der FTH und einigen Studienfreunden von der Universität tauchten bloß sechs Leute aus

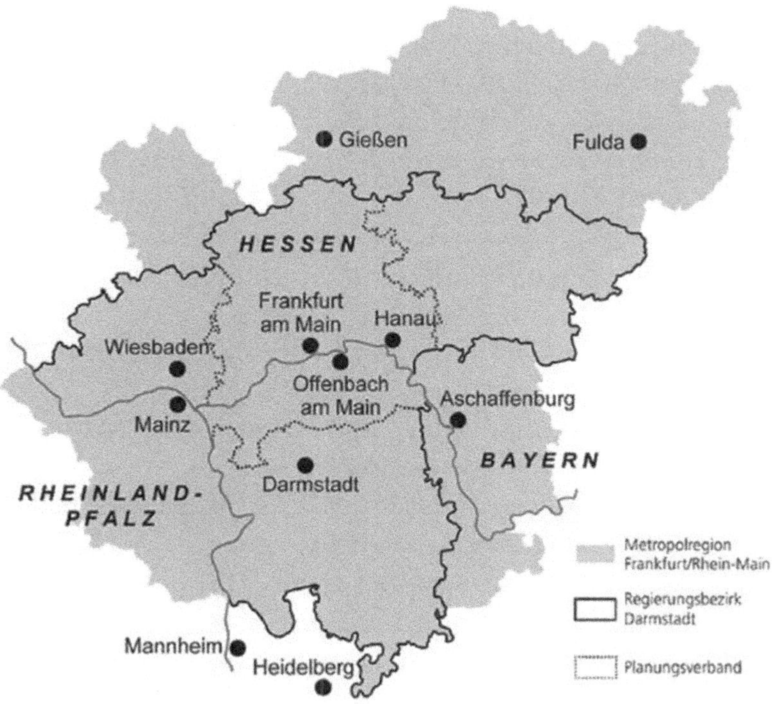

„Die Metropolregion Frankfurt-Rhein-Main",
© Initiativkreis Europäische Metropolregionen in Deutschland, www.deutsche-metropolregionen.org/mitglieder/frankfurtrheinmain

Frankfurt auf. Jede Gemeindegründung muss mit möglichem Versagen rechnen. Risiko ist integraler Bestandteil von Gemeindegründung, so wie das Aussäen vieler Samenkörner in die Erde nicht garantiert, dass sich jedes Samenkorn in eine Blume verwandelt. Doch dieses Treffen in Frankfurt an einem kalten Winternachmittag führte mir das Versagensrisiko deutlicher vor Augen, als ich es erwartet hatte. Meine Sorge wuchs während der kommenden Treffen, die wir in Räumen der Evangelischen Landeskirche durchführten. Unsere Gruppe wurde nicht größer – im Gegenteil. Unsere Situation verschärfte sich noch, als dem landeskirchlichen Pfarrer, der uns die Nutzung des bekanntesten Kirchengebäudes von Frankfurt zugesagt hatte, unsere evangelikale Theologie bewusst wurde. Mit sofortiger Wirkung strich er uns die Räume und brach jeglichen Kontakt mit unserer Gruppe ab. So saßen wir als obdachlose Gemeindegründung auf der Straße.

Ehrlich gesagt weiß ich nicht mehr, warum wir noch weitermachten. War es die Angst, weil einfach nicht schiefgehen durfte, was ich meinen Studenten in der Vorlesung beigebracht hatte? War es der Glaube und die Zuversicht, den Ruf Gottes nicht missverstanden zu haben, diese besondere Art von Gemeinde zu gründen? Waren es die Studenten und ihr ungebrochener Enthusiasmus, etwas Neues zu beginnen? Oder von allem ein bisschen? Ich weiß nur, dass wir uns etwa eineinhalb Jahre lang von Woche zu Woche hangelten und nach den Treffen häufig tief enttäuscht nach Hause fuhren.

Im Rückblick sehen wir jetzt, dass Gott uns bremste, weil er etwas noch Verrückteres im Sinn hatte als unsere damaligen Träume.

31. Oktober 2012

Reformationstag. Niemand in der *Kirche für alle Nationen* konnte ahnen, dass dieser Sonntag 2012 unsere kleine Gemeindegründung in eine vollkommen neue Richtung führen würde. An diesem 495. Geburtstag der Reformation geschahen drei Dinge gleichzeitig, die für unsere Zukunft wesentlich wurden.

Erstens: Nach ausgiebigen Diskussionen und gegen jegliche menschliche Weisheit entschloss ich mich, zwei Gemeindegruppen unter unser „Gemeindegründungsdach" zu holen; eine im Nordosten von Frankfurt, die ich selbst einmal gegründet hatte,[6] und eine in Oberursel (einem Vorort im Norden von Frankfurt). Beide waren sehr klein und hatten sich schon die Überlebensfrage gestellt. An diesem Reformationssonntag feierten wir den Zusammenschluss dieser drei Gruppen. Außerdem nannten wir uns von nun an „Mosaikkirche".

Ursprünglich hatten wir uns Multiplikation völlig anders vorgestellt, aber nun merkte ich, dass wir mit diesem Schritt eine wirkungsvolle Möglichkeit bekamen, die Studenten für weitere Multiplikation zu trainieren: Ich teilte die Studenten auf die drei Gruppen auf, die sich an drei verschiedenen Orten zu drei verschiedenen Zeiten zum Gottesdienst trafen. So konnten alle Studenten an der Entwicklung einer Gemeindegründung mitwirken und in der jeweiligen Gruppe ihre Gaben an Leitung, Predigt, Evangelisation und Seelsorge einbringen. Ich behielt als Mentor den Überblick über alle drei Gemeinden. Doch diese kreative Lösung barg auch einige Risiken: Wir waren nun gleich drei zerbrechliche Gemeindegründungen und ein Scheitern würde nicht mehr nur vierzig Menschen betreffen, sondern an die hundert.

Unser zweiter Wachstumsfaktor war eine amerikanische Missionarin. 2012 erlaubte die politische Korrektheit in Deutschland kein „Ami, go home!" mehr und wir waren so verzweifelt, dass niemand nur im Traum an diesen alten Spruch gedacht hätte. Karen Smith[7] war auf eigene Kosten zu uns gekommen, um unseren drei Gruppen vollzeitlich zu dienen. Sie war ein besonderes Geschenk für uns; eine geistlich reife, warmherzige und liebevolle Frau, voller Leidenschaft, Menschen zum Glauben an Jesus zu führen und neue Gläubige zu Jüngern zu machen. Für die jungen Leute und die ersten bei uns ankommenden Flüchtlinge wurde sie zur „Mutter".

Die Entwicklungen mit den Flüchtlingen wurde zum dritten Beschleunigungsfaktor an diesem 31. Oktober 2012: An diesem Sonntag kam ein junger Afghane namens Raifa[8] zu uns in Frankfurt-Nord in den Gottesdienst. Es juckte ihn überhaupt nicht, dass wir so wenige waren. Die spürbare Güte der Menschen, besonders von Karen Smith, faszinierte ihn sofort. Raifa hatte sich erst kürzlich aus dem Islam bekehrt und folgte nun Jesus nach. Er freute sich sehr über die Übersetzungsanlage, die zwar installiert, aber noch nicht eingesetzt worden war. Er wollte schnell Deutsch lernen und dann andere Afghanen aus der Flüchtlingsunterkunft in diese Gemeinde einladen und für sie auf

Farsi übersetzen, damit auch seine Landsleute das Evangelium von Jesus hörten.

Schon am nächsten Sonntag brachte Raifa einen anderen Afghanen mit in den Gottesdienst. Jede Woche kamen weitere seiner Landsleute mit in unsere Gemeinde. Karen besorgte Bibeln auf Farsi und begann zusammen mit einer anderen Amerikanerin einen Deutschkurs für die Flüchtlinge. Das Projekt nannten sie *Café Hope*, angelehnt an die gleichnamige Arbeit der Freien Evangelischen Gemeinde in Gießen.

Es sprach sich herum, dass ein Gottesdienst in Frankfurt Simultanübersetzung anbot. Iraner, die zwei Stunden entfernt wohnten, hörten davon, dass sie dort in ihrer Sprache erfahren konnten, wer Jesus ist. Jede Woche kamen sie mit dem Zug in unseren Gottesdienst. Damit sich ihre lange Reise lohnte, begann Karin nach dem Gottesdienst mit Bibelunterricht auf Farsi. Raifa lernte schnell Deutsch und diese Gruppe nach dem Gottesdienst wurde für ihn zu einem Jüngerschaftstraining: Er konnte sein Wissen über die Bibel erweitern und Muslime zum Glauben an Jesus führen. Die ersten Muslime gaben Jesus ihr Leben und wurden getauft. Damit entstand eine enorme Dynamik in der Gemeinde. Auch Deutsche wurden von dieser geistlichen Dynamik erfasst und ließen sich in die Nachfolge Jesu taufen.

Langsam dämmerte uns, dass wir unsere deutsche Gemeinde nicht nur für die Menschen aus den drei ersten Einwanderungswellen gründen sollten, sondern für diejenigen, die jetzt in dieser vierten Welle zu uns kamen, der sogenannten „Flüchtlingskrise“. Nach und nach wurde uns bewusst: Drei Gemeinden im Frankfurter Raum waren entstanden, die mit der gleichen Mosaik-DNA unterwegs waren. Gott hatte eine Welle in Gang gebracht, auf der wir reiten sollten!

Januar 2015

Einige der ersten Studenten fanden es zu wenig, nur einmal in der Woche für eine Stunde zum Gottesdienst zu fahren. Um auch unter der Woche Gemeinschaft miteinander zu haben, entstand eine Kleingruppe („Hauskirche") in Gießen. So konnten sie gemeinsam feiern, was Gott in der Gemeindegründung wirkte, und intensiv dafür beten. Zu Beginn trafen sich sechs Studenten jeden Mittwochabend. Ihr Leben und ihr Zeugnis waren so kraftvoll, dass diese Gruppe innerhalb von sechs Monaten auf dreißig Studenten anstieg. Es war an der Zeit, eine weitere Gemeinde zu gründen!

Am 22. Januar 2015, beinahe vier Jahre nach Gründung der ersten Gemeinde, fand in einem gemieteten Kino der erste Gottesdienst der vierten Mosaikgemeinde statt: *Mosaik-Gießen*. Über hundert Leute kamen, auch Nichtchristen und Migranten. Einer von ihnen war Jahni. Kurz bevor er sein Land verlassen musste, hatte er das erste Mal von Jesus gehört. Jahni konnte kein Deutsch, aber Gott hatte vorgesorgt: Karen Smith und ein paar andere Mitarbeiter der Mosaikgemeinde von Frankfurt-Nord waren an dem Tag die sechzig Kilometer zur neuen Gemeinde gefahren, um diese Multiplikation von Mosaik zu feiern. Als der Anbetungsleiter kurz vor der Predigt fragte, ob jemand eine englische Übersetzung bräuchte, hob Jahni seine Hand. Er konnte Englisch. Karen ging sofort zu ihm und setzte sich neben den jungen Mann, um ihm die Predigt zu übersetzen.

Niemand konnte ahnen, dass Gott Jahnis Leben mit diesem Eröffnungsgottesdienst für immer verändern würde. Die Behörden verlegten den Flüchtling kurze Zeit später in eine andere Stadt. Aber Jahni wollte unbedingt mehr über Gott erfahren. So suchte er im Internet nach der nächstliegenden Mosaikgemeinde und fuhr dann eine Stunde mit dem Zug zum Gottesdienst in den Frankfurter Norden. Dort machte er eine überraschende Entdeckung: Die Frau, die ihm vor einigen Monaten die Predigt ins Englische übersetzt hatte, stand direkt vor ihm! Als er wenig später in sein Heimatland abgeschoben wurde, ging er bereitwillig und voller Frieden, weil er nun wusste, warum er diese kurze Zeit in Deutschland gewesen war: Nun kannte er Jesus als den Sinn seines Lebens. Und in die Gießener Mosaikgemeinde kamen noch viele andere „Jahnis".

Mai 2015, „Little Istanbul“, Offenbach

Um Offenbach machen viele gerne einen Bogen. Eine hohe Kriminalitätsrate, ein hoher Ausländeranteil und eine stark ausgeprägte Salafistenbewegung machen diese Stadt nicht gerade attraktiv für junge, gut ausgebildete deutsche Familien. Doch genau deshalb zogen Lionel und Naemi Bendobal mit ihrem kleinen Jungen im Mai 2015 dorthin. Das Paar gehörte zu dem ursprünglichen Startteam, das den Traum einer „Kirche für alle Nationen“ geträumt hatte. Es konnte sich keinen besseren Ort als Offenbach vorstellen, um „anderen“ mit den geöffneten Armen Jesu entgegenzukommen.

Klaus und Debora[9] sind ein ganz normales deutsches Ehepaar, das in einer normalen Kleinstadt in einer normalen Gemeinde aufwuchs. Gegen Ende ihrer Bibelschulausbildung hörten sie von Lionel, dem jungen Kameruner, der nun in Offenbach eine Gemeindegründung plante, die sich ihrer Denomination anschließen würde. Sofort packte sie die geistliche Vision dieser Gemeindegründung, doch sie hatten großen Respekt vor der Arbeit der jungen Familie Bendobal und scheuten sich, in eine so schwierige Stadt zu ziehen.

Während sie überlegten, ob sie sich dieser Gemeindegründung anschließen sollten, nahmen sie an einem Mosaik-„Familienfestival“ teil – dem ersten gemeinsamen Treffen der verschiedenen Gemeinden. Noch heute sprechen sie von der Begeisterung, die sie spürten. Doch Klaus erzählte später:

> *Unsere Begeisterung schlug schnell in Irritation um. Als wir in diesen großen Raum kamen, merkten wir, wie anders die meisten dort waren. Da waren Menschen aus 26 unterschiedlichen Nationen versammelt und auf den ersten Blick konnten wir kaum Weiße sehen. Plötzlich tauchte eine Gruppe von dreißig Iranern auf, die keiner kannte und die sich einfach mitten im Raum breitmachten und auf das Essen warteten. Sogar ein Atheist aus Israel war dabei. Das*

Chaos war perfekt. Es wurde Spanisch, Englisch, Arabisch, Farsi, Deutsch und noch andere Sprachen gesprochen, alles durcheinander. Als Stephen Beck aufstand, um zu reden, waren die Übersetzer hinten im Raum lauter als er vorne am Mikrofon. Wir fühlten uns förmlich überrollt. Am meisten verwirrte uns, dass die meisten dieses Durcheinander offensichtlich genossen. Es entsprach in keiner Weise unseren Erwartungen eines ruhigen und geordneten Treffens.

Ihre Verwirrung wurde noch größer, als ich die Mosaikkirche mit Worten beschrieb wie: „Wir sind nicht monokulturell, auch nicht multikulturell, sondern mono/multikulturell", und von der „Makroebene" und der „Mikroebene" sprach. Sie fragten sich, wie viele Worte mit M ich noch hervorzaubern würde. Dann sprach ich auch noch von der Vision, dieses Chaos in andere europäische Länder zu verbreiten, bis nach Israel. Das Paar war äußerst beunruhigt: Worauf hatten sie sich da eingelassen? Passte diese Auffassung von geistlichem Dienst zu ihrer Denomination? Wollten sie zu so etwas gehören, das so anders war als ihre eigenen Vorstellungen? Mit solchen Fragen gingen sie nach Hause.

Die gleichen Fragen begleiteten sie in Offenbach in die ersten Begegnungen mit anderen Interessenten an dieser Gemeindegründung. Es gab viele Gespräche und Präsentationen von Lionel – und immer wieder diese komischen Worte mit M! Vier Monate später fragten Lionel und Naemi sie, wie sie sich in der neuen Stadt und im Gründungsteam fühlten. Das deutsche Ehepaar sprach offen über die Bedenken, mit denen sie damals das „Familienfestival" verlassen hatten. Klaus:

Heute sehen wir die Dinge anders als noch vor vier Monaten. Wir lieben unsere Denomination, aber wir haben erkannt, dass es bei Gemeindegründung nicht darum geht, eine Denominationsgemeinde zu gründen. Wir haben die

Mosaik-Mentalität von Kirche verstanden – ein Herz für die Nationalitäten und Nichtchristen. Damit nähern wir uns den unterschiedlichen Kulturen, Bildungsniveaus, Sprachen und Hautfarben mit einem freundlichen und offenen Herzen. Ich muss mir Zeit nehmen, sie kennenzulernen; dort hingehen, wo sie sind; Zeit mit ihnen verbringen und ihre Lebensweise verstehen; ja, sogar von ihnen lernen. Es geht darum, „Kirche für andere" zu werden.

Debora führte die Gedanken ihres Mannes weiter:

Wir überlegen nicht mehr, wie andere in unsere Denomination hineinpassen, sondern genau andersherum – wie passt unsere Denomination in die Kultur der Menschen, die wir erreichen sollen? Die Menschen dienen nicht unserer Denomination, sondern unsere Denomination den Menschen.

Bis hierher hatte sich Lionel zurückgehalten. Nun konnte er sich nicht länger beherrschen und stieß ein lautes, afrikanisches „Halleluja" hervor.

Das Gründungsteam in Offenbach arbeitete hart am Aufbau eines Kontaktnetzes. Sie führten Umfragen durch, besuchten Menschen zu Hause und lernten ihre Lebensweise und ihre Bedürfnisse kennen. Jedes Gründungsmitglied war dafür verantwortlich, sein persönliches Netz nichtchristlicher Freunde aufzubauen. Als es dann an der Zeit war für den ersten Test-Gottesdienst, kamen 62 Personen: 12 aus dem Gründungsteam und 50 Außenstehende.

Die fünfte bewusste Gemeindegründung mit Mosaik-DNA gab sich den Namen *Kirche am Start*. Mit diesem Namen wollte sie sich die Vision immer wieder vor Augen halten: eine Gemeinde zu sein, in der Menschen einen neuen Start machen können, weil sie Gott durch Jesus persönlich begegnen.

Juni 2015, Frankfurt-Nordwest

Die Nordweststadt wurde in den Sechzigerjahren gebaut, um die vielen Nachkriegsfamilien schnell und unkompliziert unterbringen zu können. In den Achtzigerjahren wurden dann verstärkt Migranten in die frei werdenden Wohnungen gesteckt. Heute ist dieser Stadtteil bekannt für seine hohe Kriminalitäts- und Selbstmordrate – und dort leben sehr viele Muslime. Siebzig Prozent der Bevölkerung haben einen Migrationshintergrund. Die Isolation dieses Stadtteils erkennt man u. a. daran, dass es dort kaum Restaurants gibt und man sich nirgendwo treffen kann, um gut zu essen. 18 000 Menschen leben hier und es gibt keine einzige evangelikale Gemeinde.

Jason ist einer der 24 Studenten vom Startteam. Sein Herz blutete, als er zum ersten Mal von der Nordweststadt hörte. Ein Jahr nach seiner Hochzeit mit Steffi zogen sie in die „Höhle des Löwen". Jason und Steffi können nachvollziehen, wie sich Außenseiter fühlen: Er ist in Thailand aufgewachsen und sie in Bangladesch. Nun war es als deutsches Ehepaar an der Zeit, ihrerseits die Fremden in ihrer Mitte willkommen zu heißen. Sie zogen in das oberste Stockwerk eines der vielen Hochhäuser zu den Menschen, die sich alle fühlten, als wären sie niemand. Jason erklärt: „Die Beatles müssen ihren Song für die Nordweststadt geschrieben haben: *He's a real nowhere man, living in his nowhere land, making all his nowhere plans for nobody.*"

Früher hatte es hier schon einmal eine kleine Gemeinde gegeben. Bernd Oettinghaus hatte in den Neunzigerjahren eine Gemeinde gegründet, die über zehn Jahre langsam, aber stetig gewachsen war, doch unter seinem Nachfolger binnen weniger Jahre wieder zusammenbrach. Seit dieser Zeit betete er mit dem Kinderarzt Klaus Behr und einem weiteren Mann aus der damaligen Gemeinde jeden Mittwochmorgen an dem Ort, wo ihre Gemeinde damals ihre Räume gehabt hatte, dass das Evangelium hier eines Tages wieder verkündigt würde und die Menschen aus der Nordweststadt in diesen Räumen Leben feiern könnten. Sie schworen, so lange zu beten, bis ihr Gebet erhört würde. Vor Ort stand noch der Baum, den die Gemeinde als Zeichen ihres Bundes mit Jesus, dem Haupt der Gemeinde, gepflanzt hatte.

Aber Gott schien im Urlaub zu sein: Ein Investor erwarb das Gebäude, um es abzureißen und auf dem Gelände teure Neubauten zu errichten. Unerschrocken beteten die drei jeden Mittwochmorgen weiter. Kurz darauf war der Investor pleite und verkaufte an einen anderen. Dieser begann schon mit dem Abriss der Nebengebäude, doch dann landete er ebenfalls in der Insolvenz. Und ob Sie es glauben oder nicht, ein dritter Investor kaufte das ehemalige Gemeindegrundstück, um endlich die Häuser zu bauen, hatte aber vergessen, die erteilte Abrissgenehmigung nach drei Jahren erneuern zu lassen. So blieb das Gebäude stehen und der Investor ging ebenfalls pleite. Gott war offensichtlich doch nicht im Urlaub und hatte einen Plan für dieses Gebäude.

2013 entschloss sich die Stadt, das Gebäude zu übernehmen und in ein Stadtteilzentrum umzuwandeln. Ein Trägerverein wurde gebildet und mit der Entscheidung beauftragt, welche Organisationen in das Gebäude einziehen und dieses städtische Niemandsland beleben sollten. Jason und Steffi bewarben sich und bekamen die Genehmigung, mit ihrer geplanten Gemeindeneugründung Räume in dem Gebäude zu beziehen. Gott hatte das jahrelange Mittwochsgebet erhört.

Doch er hatte noch viel mehr vor: Genau dort, wo der Baum des Bundes mit Gott stand, baute die Stadt ein Wohnheim für von Obdachlosigkeit bedrohte Menschen, das mit dem Eintreten der Flüchtlingswelle als Flüchtlingsunterkunft genutzt wurde. Und es kam noch besser: Im Wartezimmer von Dr. Behr lernten wir eine muslimische Mutter mit ihrem Jungen kennen, die sich als Kindergartenleiterin entpuppte. Ich konnte es kaum glauben, als sich herausstellte, dass ihre Kita genau an unsere anvisierten Räume im Stadtteilzentrum angrenzte. Sie war begeistert von der neuen Mosaik-Initiative und fragte Jason von sich aus an, in ihrem Kindergarten einen Deutschkurs für die Eltern der Flüchtlingskinder anzubieten.

Jason begann mit allem Kontakt aufzunehmen, was sich bewegt. Geschäfte, Klubs, Firmen, Menschen auf der Straße, in den Parks und den Häuserblocks, eine örtliche Jugendorganisation und Leiter der Moschee wurden Teil seines Networkings. Er und Steffi leisteten viel Nachbarschaftshilfe, veranstalteten in ihrer Wohnung eine offene Weihnachtsparty und begannen mit einer Gebetsgruppe.

Kevin und Christina, ihre besten Freunde, ebenfalls Teil der ursprünglichen Studentengruppe, zogen 2016 in das Hochhaus dazu. Jason übernahm mehr und mehr die Rolle eines evangelistischen Pastors, der Menschen anzog und vernetzte. Kevin wurde als „zweiter Pastor“ sein leitender Mitarbeiter. Die beiden Ehepaare stellten im Februar 2016 einen Brunch-Gottesdienst auf die Beine, zu dem nur sieben Leute kamen. Als sie die Veranstaltung einen Monat später wiederholten, waren es schon 25: Deutsche, Argentinier, Spanier, El Salvadorianer, Iraner, Syrer, Russen, Chinesen, Japaner, Türken und eine Frau aus Sierra Leone. Es sah so aus, als würde diese Gemeinde in diesem Stadtteil die Einwanderer der Migrationswellen der Achtzigerjahre erreichen.

Die sechste Mosaikgemeinde innerhalb von weniger als fünf Jahren war geboren und wir waren uns sicher, dass Gott uns hier in Europa in etwas Außergewöhnliches hineingeführt hatte. Diese Gründung gab sich den Namen *Kirche für Nordwest*, weil sie von Anfang an darauf angelegt war, sich nach Norden und Westen weiter auszubreiten.

November 2015, im Frankfurter Bahnhofsviertel

Kathi öffnete die Augen, auch wenn die Gruppe normalerweise beim Beten die Augen schloss. Sie saßen in einem persischen Restaurant, das einem Muslim gehörte – ein ungewöhnlicher Ort für das Gebetstreffen eines Gemeindegründungsteams!

Vor fünf Jahren war sie ebenfalls bei der FTH-Gruppe dabei gewesen, die am 31. Januar 2011 ihr erstes Treffen in Frankfurt veranstaltet hatte. Nach dem Studium war sie nach Frankfurt in die Nähe des Hauptbahnhofs gezogen. Das Restaurant lag direkt gegenüber ihrer Wohnung. Kathi hatte sich bei dem Besitzer bedankt, dass er ihrer Mitbewohnerin einen Job gegeben hatte, worauf er bedauerte, ihr keine volle Stelle anbieten zu können. Das Geschäft lief gerade besonders schlecht und so fragte Kathi, ob sie ihm die Hände auflegen und zu Gott beten dürfte, dass er ihn und sein Restaurant segnen möge. Er stellte noch einmal klar, dass er Muslim sei, doch sie wollte immer noch für ihn um den Segen Gottes beten. Gesagt, getan! Eine Woche später kam sie wieder, um etwas zu essen. Als der Besitzer sie sah, kam er aufgeregt zu ihr und erzählte, dass die vergangene Woche die erfolgreichste der letzten fünf Jahre gewesen sei. Kathi freute sich riesig und bot ihm an, wieder für ihn zu beten.

Als sie in der nächsten Woche wiederkam, berichtete er: „Deine Gebete haben große Kraft, diese Woche lief es noch besser! Du musst eine besondere Verbindung zu Gott haben. Bitte bete weiter für mein Restaurant. Du kannst hier kostenlos essen. Und wenn dein Team einen Treffpunkt braucht, könnt ihr meine Räume nutzen und ich werde währenddessen schließen."

So kam es, dass sich das Gründungsteam zum Gebet in dem iranischen Restaurant traf. Mitten im Gebet wurden draußen auf der Straße lebhafte Stimmen laut. Kathi schlug die Augen auf. Auf dem Bürgersteig hatte sich eine Gruppe Afrikaner versammelt – zwanzig Somalier und Eritreer, alle Muslime, wie sich später herausstellte. Sie nahm ihre Jacke, ging nach draußen und platzte mitten in diese kleine, spontane Straßenparty hinein: „Hi, ich bin Kathi. Ich bin die neue Pastorin hier in der Nachbarschaft. Schön, euch kennenzulernen!"

Sofort hatte sie die Aufmerksamkeit der Gruppe. „Was ist ein Pastor?", wollte einer der Männer wissen. Kathi erklärte es ihm und erzählte ihnen, dass sie selbst erst vor Kurzem in diesen Stadtteil gezogen war. Sie als Afrikaner könnten ihr dabei helfen, etwas über die Menschen zu erfahren, die hier lebten.

Dies war der Schlüsselmoment. Die Afrikaner nahmen diese aufgeschlossene, junge Deutsche in ihre Mitte und erzählten ihr vom Leben in der Nachbarschaft. Außerdem wollten sie genau wissen, was ein Pastor so macht und warum jemand mit Masterabschluss in einem Stadtteil leben wollte, der bekannt war für Armut, Drogen, Prostitution und soziale Spannungen unter den Migranten. Inzwischen kamen die anderen von der Gebetsgruppe ebenfalls nach draußen und schlossen sich ihrer furchtlosen Leiterin an. Weitere Somalier und Eritreer kamen vorbei und gesellten sich dazu.

Als Kathi spürte, dass sie nun schon etwas miteinander warm geworden waren, ging sie einen Schritt weiter und schlug vor, dass jeder einmal von seiner Religion erzählte, wie er Gott erlebte. Mehrere Muslime begannen zu erzählen und es wurde lebendig und emotional.

Daraufhin fragte einer der Afrikaner: „Wie steht es mit euch Christen, wie erlebt ihr Gott?"

Ein junger Syrer aus dem Gründungsteam, der sich erst ein paar Wochen vorher vom Islam zu Jesus gewandt hatte, begann. Dann erzählte eine Frau aus dem Team. Alle hörten respektvoll zu.

Plötzlich fragte Kathi: „Wie können wir als Deutsche euch unterstützen?" Alle waren erstaunt, denn keiner hatte ein solches Angebot von einer Deutschen erwartet.

Als die Stille schließlich unangenehm zu werden drohte, schlug Kathi mutig vor: „Wollen wir uns nächste Woche zur gleichen Zeit hier wieder treffen, um uns noch besser kennenzulernen?" Alle stimmten begeistert zu.

Eine Woche später stand Kathi in strömendem Regen und wartete. Ein Afrikaner nach dem anderen tauchte auf. Die Gemeindegründerin schlug vor, sich in ihre Wohnung auf der anderen Straßenseite zu flüchten. Während der nächsten Stunden roch es in ihrer Wohnung nach gutem Essen, es wurde gelacht und über traurige Kindheitserlebnisse, Bürgerkrieg, Hunger, Tötungen und schreckliche Überfahrten von Afrika nach Europa geweint.

Schließlich stellte Kathi die gleiche Frage wie eine Woche zuvor: „Wie können wir Deutschen euch unterstützen?“

Eine Frau flüsterte: „Was du machst, ist schon gut.“

Ein Mann fügte hinzu: „Wir brauchen Deutschunterricht, besonders unsere Frauen.“

Zwei Wochen später begannen die Deutschkurse und die Lerngruppe wuchs auf bis zu dreißig Personen an. Kathi organisierte weitere Treffen, um diese ersten Kontakte des Gemeindegründungsteams weiterzuentwickeln. So entstanden Freundschaften. Am Ostermorgen feierten sie einen Gottesdienst für die Nachbarschaft ... natürlich im persischen Restaurant. Zweiunddreißig Menschen kamen, die Hälfte davon Muslime.

Die siebte Gemeinde mit Mosaik-DNA war geboren.

Dezember 2015, ein Dorf bei Gießen

Pastor Christian Sewerin war nicht nur mit seiner stagnierenden Gemeinde und seiner Arbeit unzufrieden, sondern auch mit seinem persönlichen geistlichen Leben. Gott hatte im Laufe der Jahre irgendwie seine Faszination verloren und die Beziehung zu ihm ihre Lebendigkeit. Christian spürte, dass es vielen in seiner Gemeinde ähnlich ging.

Ich begegnete Christian im November 2015 auf einer Pastorenkonferenz seiner Denomination in Basel, wo ich über Gemeinde sprach (zum Mosaik berufen, mono/multikulturell, makro-, mikro-, usw.) und Daniel Liëchti aus Frankreich über Gemeindegründung. Nicht alle Anwesenden wurden von unseren Ausführungen angesprochen, doch der Vierzigjährige rang mit Gott:

> *Ich möchte deinen Segen, deine besondere Salbung. Ich bin diesen risikolosen, routinemäßigen Lebensstil ohne jegliche Veränderung so leid. Ich möchte etwas Neues für dich tun. Mein Leben soll mehr bewegen, als nur eine alteingesessene Gemeinde zu betreuen, in der alles beim Alten bleiben soll.*

Diese Gedanken ließen Christian wochenlang nicht los. Sollte er eine neue Gemeinde gründen? Eigentlich sah er sich nicht als Gemeindegründer, sondern mehr als Hirte, der wusste, wie man sich um eine bestehende Gemeinde kümmert. Außerdem hatte er eine Frau und vier kleine Kinder – also sicherlich nicht der Zeitpunkt für ein solches Wagnis; nicht als verantwortungsvoller Deutscher, Ehemann und Vater.

Aber die Nacht des Ringens mit Gott wollte kein Ende nehmen. Oder war es Gott, der mit Christian kämpfte? Schließlich ergab er sich dem Gedanken, dass Gott ihn wie Jakob damals am Jabbok in die Zukunft humpeln lassen wollte, und schickte eine E-Mail an seinen Gemeindeleiter, an die vier Pastorenkollegen in der Nachbarschaft, den regionalen Superintendenten und an mich und lud uns zu sich ein. Damaris war mit dabei; interessiert und neugierig, aber auch skeptisch, wie die Pastoren am Tisch die Idee ihres Mannes aufnehmen würden. Ich für meinen Teil hatte keinerlei Vorstellung, worin seine „Idee" bestand.

Christian betete am Anfang und erklärte uns dann, warum wir alle hier zusammengekommen waren: Er sei nicht der Richtige, um eine neue Gemeinde zu gründen, doch er würde gerne andere dabei unterstützen, ohne seine jetzige Gemeinde zu verlassen. Seine Idee war, ob nicht einige Mitglieder der hier am Tisch vertretenen Gemeinden zusammenkommen und ein Gründungsteam für eine neue Gemeinde bilden wollten. Auch sie müssten dafür ihre eigene Gemeinde nicht verlassen, sondern könnten sonntags weiter in ihre jeweiligen Gottesdienste gehen. Unter der Woche würden sie im Gründungsteam mitarbeiten. Das, was sie im Gründungsteam lernten und an geistlicher Auffrischung erlebten, könnten sie dann in ihre Heimatgemeinden einbringen. Christian wollte wissen, ob die vier anwesenden Pastoren ihn in einer solchen kollektiven und kooperativen Gemeindegründung unterstützen würden. Zu gegebener Zeit würde man dann gemeinsam nach einem Gemeindegründer suchen, der die neue Gemeinde weiterführen würde.

Ich war völlig überrascht. Ein Pastor einer Denomination fragte Pastoren anderer Denominationen, ob sich ihre Gemeinden einer kollektiven Neugründung anschließen würden! Ich fragte: „Aber zu welcher Denomination würde diese neue Gemeinde dann gehören?"

Christian explodierte förmlich: „Das ist völlig unwichtig. Das können wir später immer noch entscheiden. Jetzt geht es darum, dass unsere Gegend eine missionarische Gemeinde braucht, die die Menschen erreicht, die durch unsere bestehenden Gemeinden nicht erreicht werden."

Ich fragte mich, was wohl Christians Regionalleiter über seinen „unloyalen" Angestellten denken würde, also fragte ich noch konkreter nach: „Du gehörst zu einer Landeskirchlichen Gemeinschaft. Was, wenn diese Gruppe entscheidet, sich dem Bund der Pfingstgemeinden anzuschließen?"

Ich traute meinen Ohren nicht, als der Regionalleiter herausplatzte: „Das ist egal! Solange es hier eine Gemeinde gibt, in der Menschen Jesus Christus begegnen können, spielt die jeweilige Denomination überhaupt keine Rolle; wir wollen hinter ihr stehen und sie unterstützen."

Was für ein ungewöhnliches Gespräch! Ebenso ungewöhnlich war, dass keiner dieser vier Pastoren sich durch diesen Gedanken bedroht zu fühlen schien. Im Gegenteil: Alle waren interessiert. Ich fragte, ob es in der Gegend eine Flüchtlingsunterkunft gäbe.

„Direkt hier in unserem Dorf", meinte Damaris.

„Dann habt ihr auch schon ein Missionsfeld, auf das sich das Gründungsteam ausrichten kann", sagte ich.

Dieser Gedanke schlug bei Damaris wie ein Blitz ein. Sie war ebenfalls mit ihrem zur Routine gewordenen Weg mit Gott unzufrieden und erzählte, wie sie gerade erst einen Afghanen im Flüchtlingswohnheim kennengelernt hatte. Dieser Mann sei Christ und spreche Englisch; so hatten sie sich unterhalten können.

„Das ist es!", rief ich. „Warum besuchst du nicht den Afghanen und fragst ihn, ob er alle Bewohner zu einer Party einlädt? Ihr organisiert einen großartigen Abend für die Menschen, vielleicht ein multikulturelles Festessen?" Mir ging der Vorschlag leicht über die Lippen, ich musste ja nicht kochen.

Am Ende des Abends vereinbarten wir ein zweites Treffen, um weitere Ideen auszutauschen, zu planen und gemeinsam zu beten. Bevor wir auseinandergingen, wollte Damaris uns allen noch etwas mitteilen: „Ich bin heute mit großer Skepsis in den Abend gegangen. Aber die Vorstellung, dass ich mich in das Leben dieser Flüchtlinge hineinbegebe, begeistert mich! Ihr seid alle eine große Motivation für mich."

Drei Wochen später war Weihnachten. Zwanzig Afghanen aus dem Flüchtlingswohnheim kamen in Christians Dorfgemeinde zum Gottesdienst. Nichtdeutsche waren im Gottesdienst bisher die absolute Seltenheit und jetzt saßen da plötzlich zwanzig muslimische Orientalen mit ihren verschleierten Frauen. Der traditionell seriöse Gottesdienst verlief ein wenig chaotischer als sonst. Christian predigte auf Deutsch, ein Student hatte die Übersetzung ins Englische vorbereitet und der afghanische Christ saß unter seinen Landsleuten, um von Englisch nach Farsi zu übersetzen. Dadurch dauerte die Predigt doppelt so lange, was einige Gemeindemitglieder kritisierten. Aber Christian war einfach nur begeistert, das erste Mal in seinem Leben Gottes Wort zwanzig Muslimen weitergeben zu können.

Nach dem Gottesdienst lud Damaris alle Afghanen zu einem Weihnachtsessen ein. Es herrschte ein unglaublich lautes Chaos, aber für Damaris wurde es zu einer der schönsten Weihnachtsfeiern ihres Lebens.

Auf dem Weg zurück ins Wohnheim fragte Christian den Englisch sprechenden Afghanen, ob er sich vorstellen könnte, bei einer Gemeindegründung mitzumachen, in der diese und andere Afghanen im Flüchtlingsheim regelmäßig Gottesdienste zusammen mit Deutschen feiern und Jesus Christus kennenlernen könnten. Der Afghane strahlte.

Ein paar Wochen später begannen Christian und Damaris mit einem Deutschkurs für die Flüchtlinge. Sie wollten diesen wertvollen Menschen das geben, was sie brauchten, und mit diesen Fremden, die in ihrem Dorf angesiedelt worden waren, persönliche Freundschaften aufbauen. An einem Mittwochabend trafen sich fünfzehn Deutsche als Gründungsteam. Die Pastoren hatten ihre Mitglieder ermutigt, gemeinsam mit Mitgliedern anderer Gemeinden ein Gründungsteam für eine neue Gemeinde auf die Beine zu stellen, in der Menschen aus den unterschiedlichsten Kulturen und Religionen Jesus erleben und Gottes Erlösung finden konnten.

Nicht allen Christen gefiel das. Selbst in Christians Gemeinde begegneten ihm manche mit Skepsis und befürchteten, dass die neue Gemeinde zu einer Konkurrenz werden könnte. Doch die Pastoren waren sich einig, dass Gemeindegründung keine Art Wettbewerb mit anderen existierenden Gemeinden war, sondern es um die Ausbreitung von Gottes Reich ging.

Der nächste Nachkomme der ursprünglichen *Kirche für alle Nationen* war gezeugt, diesmal in einem Dorf und durch jemanden, der nicht zum ursprünglichen Startteam gehört hatte. Die Mosaik-DNA hatte sich ausgebreitet!

Januar 2016

Simon ist anders. Zumindest anders als der durchschnittliche Gemeindegründer. Er hat eine ruhige und introvertierte Persönlichkeit, nicht viel Charisma und zieht auch keine öffentliche Aufmerksamkeit auf sich. Ich wurde auf ihn aufmerksam, als er in unserem Homiletikseminar an der FTH eine hervorragende Predigt hinlegte: Er war stark, kam auf den Punkt und drückte mit seiner Stimme eine innere Überzeugung und Sicherheit aus. Also lud ich den jungen Mann ein, in die Gemeindegründungsbewegung einzusteigen, die wir gerade erlebten. Es zeigte sich sofort, dass Simon sich Menschen in schwierigen Lebenssituationen ganz ruhig an die Seite stellte und Gottes Erbarmen ausdrücken konnte. Der für ihn wie maßgeschneiderte Platz war das Café Hope.

Eines Abends tauchte in unserem Café eine unerwartet hohe Zahl von Migranten auf. Karen Smith und ich hatten die Idee, dass diese Menschen nicht nur Deutsch lernen, sondern im gleichen Treffen auch den Gott der Bibel kennenlernen könnten – bei einem Brunch am Sonntagmorgen, mit fröhlichem Singen und Deutschunterricht anhand einer biblischen Geschichte. Unbekannte Worte würden den Teilnehmern erklärt, wir könnten über die Person Jesu sprechen und erste Schritte im Gebet tun.

Dieser Gedanke begeisterte Simon und er begann dieses Experiment zusammen mit Mira, einer jungen Frau aus der ursprünglichen FTH-Gruppe. Einige weitere FTH-Studenten schlossen sich ihnen an, sodass sich im Laufe einiger Monate eine feste, regelmäßige Gruppe bildete. Selbst wenn an manchen Sonntagen nur drei oder vier Leute kamen, konnte man die Gegenwart Gottes deutlich wahrnehmen und einen geistlichen Hunger spüren, mit dem die Teilnehmer die biblischen Geschichten verschlangen. Die Gruppe wuchs immer weiter: zwei syrische Muslime, deren Familien in Damaskus zurückbleiben mussten; eine syrisch-palästinensische Frau mit ihren Kindern; eine buddhistische Frau mit Kindern; hinduistische Kinder aus der Nachbarschaft, eine Frau aus Eritrea, eine Albanerin, ein Mexikaner … und natürlich die deutschen Studenten, meine Frau Susan und Karen Smith. In den normalen Mosaik-Gottesdienst wären diese Migranten nicht gekommen, weil die Versammlung ihnen zu groß und fremd gewesen wäre und die Prediger zu schnell sprachen.

Während dieses Sonntagsbrunchs geschieht viel Seelsorge. Eine Albanerin z. B. kam aus bitterer Armut und besaß so gut wie keine Schulbildung, sodass es für sie besonders schwer war, die deutsche Sprache zu lernen. Eines Morgens erfuhr eine Mitarbeiterin, dass ihre kleine Tochter schwer krank war. Sofort legte sie der Mutter ihren Arm um die Schulter und betete für die Tochter. Die Frau begann zu schluchzen. Sie konnte die Worte des Gebets nicht verstehen, aber sie spürte die Gegenwart Gottes. Diese Gruppe wurde zu ihrer geistlichen Familie, in der sie jede Woche neue Kraft und Hoffnung schöpfen konnte.

Ich entschied, dass die Kirche, die sich mit dem Sonntagsbrunch entwickelte, am besten zu der Bewegung kreativer und nichttraditioneller Gemeinden passte, die sich in England seit Beginn des 21. Jahrhunderts verbreitet: „Fresh Expressions of Church“, in Deutschland einfach als „Fresh X“ bezeichnet. Fresh-X-Gemeinden sind wie die Mosaikkirche: missionale, kontextbezogene, lebensverändernde Gemeinschaften, die durch das Evangelium von Jesus geprägt werden und die unterschiedlichsten Formen annehmen können.[10]

> *Wenn Gemeinden ihre Herzen für diese Flüchtlinge öffnen, werden sie Teil von Gottes gegenwärtigem Wirken unter den Nationen. Die Folge wird ein geistlicher Aufbruch sein. Das ist die These dieses Buches.*

Mit dieser neunten Mosaikpflanze unter der Leitung eines 23 Jahre alten Studenten traten wir in eine neue Phase ein. Denn nun wurde uns klar, dass wir wesentlich schneller neue Gemeinden in Deutschland gründen könnten als bisher: Wir mussten uns einfach nur auf einen natürlich entstandenen Kontext einlassen – in diesem Fall die Migranten, die plötzlich auf der Matte standen. Und die Flüchtlingswelle hatte unzählige solcher neuen „Kontexte“ entstehen lassen.

Die Welle Gottes

Die Geschichte dieser schnellen Gemeindemultiplikation im Rhein-Main-Gebiet ist ein Beispiel dafür, dass der Wind der Veränderung über Europa zu wehen begonnen hat. Was hier in einer Region in Deutschland passiert ist, geschieht auch in vielen anderen Gemeinden und Ecken Europas.

Die Weltöffentlichkeit sieht in dieser Flüchtlingswelle vor allem die Tragödie und das politische Fiasko. Viele Menschen in Europa betrachten sie außerdem als persönliche Bedrohung; Politiker lassen Zäune und Mauern bauen. Aber wenn wir hindurchschauen durch die Nebelschwaden der Angst, in der so viele Menschen stecken, dann sehen wir eine mächtige Welle – nicht nur eine Flüchtlingswelle, sondern eine Welle der Liebe und Gnade Gottes, mit der er die Herzen dieser Flüchtlinge und anderer Migranten berührt und uns daran erinnert, was er über die Völker vorhersagt: *„Verstockung ist einem Teil Israels widerfahren, bis die volle Zahl der Heiden hinzugekommen ist"* (Röm 11,25).

Wenn Gemeinden ihre Herzen für diese Flüchtlinge öffnen, werden sie Teil von Gottes gegenwärtigem Wirken unter den Nationen. Die Folge wird ein geistlicher Aufbruch sein. Das ist die These dieses Buches. Lesen Sie weiter und lassen Sie sich mitreißen von dieser Welle Gottes! Wenn Sie auch nur annähernd Ähnliches erleben werden wie ich, dann beginnt jetzt das Abenteuer Ihres Lebens.

Kapitel 2

Warum die Mosaikkirche so schnell wachsen konnte

„Unsere Gebete für die Völker der Welt sind das beste Geschenk, das wir der Welt machen können."

Simon Grunwald (Mosaik Fresh-X)

Es ist viel passiert. Während ich an diesem Buch schreibe, entstehen weitere Mosaikgemeinden. Die bestehenden neun Gemeinden decken schon ein Gebiet mit einer Länge von 100 Kilometern ab[11] und haben zusammen rund 450 Mitglieder, davon etwa ein Viertel Neubekehrungen. Wie war es möglich, dass sich die ursprüngliche Initiative *Kirche für alle Nationen* innerhalb von fünf Jahren derart multiplizieren konnte?

Bevor ich in die Analyse gehe, möchte ich ausdrücklich betonen, dass wir der Größe einer Gemeinde oder der Zahl der Gottesdienstbesucher an sich keine Aufmerksamkeit schenken. Eine Gruppe von 20 Leuten ist genauso wirkungsvoll wie eine Gruppe von 100, wenn Nichtchristen (Einheimische, Migranten und Flüchtlinge) dazustoßen und sich für Jesus entscheiden und es ein gutes Konzept gibt, Menschen in Jüngerschaft und geistliche Reife hineinzuführen.

Denn zum einen geht es nicht darum, möglichst viele Leute in unsere Gemeinde zu kriegen, sondern Menschen außerhalb der Kirche kennenzulernen und Gottesdienste zu feiern, die sie in ihrer Lebenssituation und ihren Sehnsüchten abholen. Anstatt die Anzahl der Gottesdienstbesucher abzufragen, will ich lieber wissen, mit wie vielen Menschen ohne Beziehung zu Jesus ein Projekt momentan in Kontakt ist.

Zum anderen entlastet es den Gemeindegründer enorm, wenn er weiß, dass er keine Zahlen liefern muss. „Erfolg" zeigt sich in der Treue als Pastor und Evangelist. Jeder Ort hat seine eigene Geschichte, jedes Terrain ist anders: Manches ist noch hart gefroren, während andere schon am Auftauen sind und die Offenheit für Gott wächst.

Keine unserer Gemeinden versteht sich als die ideale Gemeinde oder Modellkirche. Sie alle haben mit den gleichen Schwierigkeiten und Herausforderungen zu kämpfen wie andere Gemeinden weltweit, z. B. mit der hohen Fluktuation im städtischen Kontext. Und auch in unseren Mosaikgemeinden waren Menschen unzufrieden und sind wieder gegangen. Doch die Multiplikation der vergangenen fünf Jahre ist enorm schnell und in gewisser Weise einzigartig gewesen. Analysiert man diese Entwicklung im Rhein-Main-Gebiet, lassen sich einige Faktoren erkennen, die besonders förderlich gewesen sind:

1. Offenheit für verschiedene Modelle

Wie der Überblick in Kapitel 1 schon gezeigt hat, folgen die Mosaikgemeinden unterschiedlichen Modellen von Gemeindegründung. Einige gingen als Solopioniere an einen Ort und sammelten dort Leute für ihr Gründungsteam, während andere dies schon mitbrachten. Andere Male gab es vor Ort bereits ein Team (das wir zur Unterscheidung vom Gründungsteam „Kernteam" nennen), das schon eine Weile als Gemeinschaft zusammen unterwegs war und sich dann der

Mosaikkirche anschloss und einen herangewachsenen Leiter in ihren Kreis als Pastor aufnahm.[12] Im brandneuen Projekt in Alzenau (Bayern) war der Leiter vorher schon Teil der Gemeinschaft, die nun als Kernteam an den Start geht, und wird jetzt durch einen Mosaik-Pastor angeleitet.

Hier eine Übersicht über alle bisherigen Projekte:

Zur Website der Mosaikkirche:
www.mosaikkirche.de

Gemeinde (Ort)	**Modell**	**Beschreibung**
1. Frankfurt-Nord (Eschersheim)	Pionier + Gründungsteam	Der Gründer stellt das Gründungsteam zusammen; die Gruppe bestimmt die Dienstphilosophie. Jedes Jahr werden neue Mentees (Trainees) angeleitet und in andere Projekte ausgesandt.
2. Frankfurt-Nordost	Angliederung	Eine bestehende Gemeinde stellt sich neu auf als Teil des Mosaik-Netzwerks. Zwei Mentees aus Nr. 1 werden als Pastoren (in Ausbildung) eingeführt.
3. Oberursel	Angliederung	Eine bestehende Gemeinde stellt sich neu auf als Teil des Mosaik-Netzwerks. Zwei Mentees aus Nr. 1 werden als Pastoren (in Ausbildung) eingeführt.
4. Gießen	Ableger	Eine Hauskirche aus Nr. 1 wächst und beginnt mit einem Gottesdienst in ihrer eigenen Stadt. Leiter wurden in Nr. 1 und Nr. 3 angeleitet.
5. Offenbach	Pionier + Gründungsteam	Der Leiter wurde vom Pastor in Nr. 1 angeleitet und stellt das Gründungsteam v. a. mit Leuten aus Nr. 1 zusammen. Netzwerkarbeit vor Ort führt zur Gründung einer neuen Gemeinde.

6. Frankfurt-Nordwest	Pionier + Gründungsteam	Der Leiter wurde vom Pastor in Nr. 1 angeleitet und dann selbst Pastor in Nr. 2. Er gründet ein Team u. a. mit Leuten aus Nr. 1; Netzwerkarbeit führt zur Gründung einer neuen Gemeinde.
7. Frankfurt-Zentrum	Solopionier	Die Leiterin wurde vom Pastor in Nr. 1 angeleitet. Sie sammelt ein Gründungsteam vor Ort und macht viel Netzwerkarbeit.
8. Gießen-Südkreuz	Pionier und kollektives Gründungsteam	Pastoren vor Ort mobilisieren ihre Leute zur Gründung eines Teams unter der Leitung eines der örtlichen Pastoren, um eine Gemeinde mit Mosaik-DNA zu starten.
9. Frankfurt-Heddernheim	Ableger von Nr. 1 (Fresh X)	Der Leiter wurde in Nr. 1 ausgebildet und beginnt mit einer Arbeit unter Flüchtlingen. Er organisiert ein Mitarbeiterteam mit Leuten aus Nr. 1. Das Projekt ist keine übliche Tochtergemeinde, sondern eine Art „Hybridgruppe" (vgl. Kap. 9), die parallel zu Nr. 1 läuft.
10. Alzenau (Bayern)	Kernteam	Eine übergemeindliche Gruppe trifft sich seit ein paar Jahren und entscheidet sich zur Gründung einer Gemeinde. Der Leiter kommt aus ihren Reihen und wird vom Pastor von Nr. 1 angeleitet.
11. Frankfurt-Bockenheim	Ableger (zweiter Standort/ Multisite)	Nr. 3 eröffnet einen zweiten Standort; Standortpastor wird ein bisheriger Mentee von Nr. 3.
12. Frankfurt-Zeilsheim	Angliederung	Eine bestehende Gemeinde schließt sich an, wird vom Leiter vom nahe liegenden Frankfurt-Nordwest (Nr. 6) angeleitet und stellt sich neu auf.
13. Aschaffenburg	Kernteam, Angliederung	Kernteam aus einer bestehenden Gemeinde vor Ort mit einem ehemaligen FTH-Studenten (nicht im Frankfurter Startteam) schließt seine Gründung dem Mosaik-Netzwerk an.
14. Darmstadt	Flächendeckendes übergemeindliches Projekt	Kontakt zu Flüchtlingsheim führt zu überkonfessionellem Projekt mit Mosaik-DNA: veränderte Gottesdienste; evangelistische Hausgruppen; Gründungsteam startet parallel eine neue Gemeinde.

2. Offenheit für verschiedene Denominationen

Der Begriff „multidenominationell" (denominationsübergreifend) könnte den Eindruck erwecken, dass ich wenig übrig habe für Strukturen und Verbindlichkeit. Dabei haben Denominationen für mich eine große Bedeutung und ich schätze ihre Geschichte, die oft von herausragenden Vätern und Müttern des Glaubens geprägt ist, die viel dafür geopfert haben, ihren Glauben zu bewahren (vgl. Kap. 9). Deshalb waren wir uns auch von Anfang an einig, dass wir nicht ohne Anbindung an eine Denomination unterwegs sein wollen und auch keine eigene neue Denomination gründen wollen.

Das Entscheidende an unserer kleinen Bewegung war, dass wir gelernt haben, über die Grenzen von Gemeindebünden hinweg zu denken, wie Klaus und Debora es so schön für die Mosaikgemeinde Nr. 5 erklärt haben (vgl. Kap. 1). Stattdessen arbeiten wir flexibel mit verschiedenen Denominationen zusammen. Jedes Projekt soll selbst entscheiden, welcher Denomination es sich anschließen will. Diese Entscheidung soll innerhalb der ersten drei bis vier Jahre fallen.

Diese Flexibilität hilft dem Gemeindegründer, indem er seine Gemeinde in dem Gemeindebund seiner Wahl gründen kann, und auch den Denominationen, indem sie neue Gemeindegründungen von uns „angeboten" bekommen – unter der Prämisse, dass sie ein Drittel des Gehalts des hauptamtlichen Gemeindegründers bezahlen. Auf diese Weise wirken wir auch verbindend zwischen den Denominationen und können gleich mehrere Gemeindebünde mit unserem „Virus" des Mono/Multi-Prinzips (vgl. Kap. 6) infizieren. Außerdem können wir so besser auf die Menschen eingehen, die zu uns kommen. Die meisten Menschen heute sind biblische Analphabeten, da können wir ihnen nicht gleich die Erwartungen und komplexen dogmatischen Entscheidungen mancher Denominationen aufdrängen.

Hier eine Übersicht über die Mosaikgemeinden und die Denominationen, denen sie sich angeschlossen haben:

Gemeinde	**Denomination**
1. Frankfurt-Nord	Chrischona-Gemeinschaftswerk (Gnadauer Verband)
2. Frankfurt-Nordost	Bund Freier evangelischer Gemeinden (FeG)
3. Oberursel	Bund Freikirchlicher Pfingstgemeinden (BFP)
4. Gießen	Bund Freier evangelischer Gemeinden (FeG)
5. Offenbach	Anskarkirche (ev. Freikirche)
6. Frankfurt-Nordwest	Chrischona-Gemeinschaftswerk (Gnadauer Verband)
7. Frankfurt-Zentrum	noch offen
8. Gießen-Südkreuz	noch offen
9. Frankfurt-Heddernheim	Fresh X (Chrischona-Gemeinschaftswerk/Gnadauer Verband)
10. Alzenau (Bayern)	Chrischona-Gemeinschaftswerk (Gnadauer Verband)
11. Frankfurt-Bockenheim	Bund Freikirchlicher Pfingstgemeinden (BFP)
12. Frankfurt-Zeilsheim	Bund Freier evangelischer Gemeinden (FeG)
13. Aschaffenburg	Bund Evangelisch-freikirchlicher Gemeinden (EfG)
14. Darmstadt	Ev. Kirche, Gnadauer Verband und Freikirchen

3. Ein tolles Startteam

Ich will nicht behaupten, dass Gemeinden am besten von Studenten gegründet oder geleitet werden, schon gar nicht von solchen mit Köpfen voller theologischer Begriffe. Aber diese 24 Theologiestudenten und -studentinnen der FTH Gießen, mit denen ich an den Start ging, waren etwas Besonderes. Das Evangelium hatte sie gepackt und sie wollten Menschen in Demut zur Seite stehen, anstatt ihre theologischen Kenntnisse unter Beweis stellen.

Es waren 22 Deutsche, ein Afrikaner und eine Mexikanerin – die Gruppe war also nicht besonders multikulturell, sondern bestand vor allem aus Deutschen, die so sehr in Kontakt mit anderen Kulturen kommen wollten, dass sie es schafften, eine Gemeinde anzupeilen, die anders aussah als sie selbst.

Beobachter haben über die Jahre hinweg immer wieder gemeint, dass unsere Bewegung im Frankfurter Raum sich nur wegen dieses tollen Startteams von Gießener Theologiestudenten so gut entwickeln konnte, zu denen noch sechs Studierende von Universitäten dazukamen – ein Luxus, den normalerweise kein Gemeindegründer zur Verfügung hat. Ich stimme ihnen zu, dass es besonders war, so viele Studenten zu haben, die bereit waren, sich während ihres Studiums auf ein solch ungewöhnliches Gemeindegründungsprojekt einzulassen. Sie waren voller Hingabe, Leidenschaft, manche trotz ihres jungen Alters schon mit besonderer Weisheit und Reife. Sie brachten musikalische Leitungsgaben mit, Lust zum Predigen und zur Leitung von Kleingruppen sowie evangelistische Begeisterung und vor allem: Sie verstanden einfach die Vision und lebten sie. Einer von ihnen schrieb mir in der Anfangszeit, als noch kaum etwas passierte (und mein Herzinfarkt noch nicht lange her war): „Auch wenn du diese Reformation nicht mehr erleben solltest, werden wir (ich) weiter an diese Vision glauben, daran arbeiten und sie weitergeben, bis sie Frucht bringt."

Doch die Frage sollte gestellt werden, ob es wirklich so sehr ein Luxus war und ob es allein an den Theologiestudenten lag, dass eine Gemeinde entstand und sich vermehrte. Bedenken wir ein paar Faktoren:

- Die Studenten lebten 60 km von Frankfurt entfernt und das Pensum im Studium war so hoch, dass sie kaum am Leben in Frankfurt teilnehmen und Kontakte aufbauen konnten.

- Man kann einfach keine Gemeinde auf Studenten aufbauen, die schon bald wieder wegziehen. Außerdem werden ihre finanziellen Möglichkeiten jede Gemeindekasse in rote Zahlen stürzen. Sie sind leicht zu motivieren, aber schwächeln auch schnell, wenn es hart auf hart kommt. Wenn ich die Wahl hätte, aus welchen 24 Menschen ich mein Startteam zusammenstelle, würde ich nur zwei bis drei Studenten dabei haben wollen.
- „Gleich und gleich gesellt sich gern." – Wenn das Sprichwort stimmt, dann wäre unser Gemeindegründungsprojekt von Anfang an zum Scheitern verurteilt gewesen. Wir standen gehörig unter Druck: Wir wussten, dass uns ganze zwei Jahre blieben, um aus unserer Gießener Studentengruppe ein Kernteam von Frankfurter Erwachsenen im Alter von 30+ zu machen. Ich wurde schon gefragt, wie wir gedachten, das zu schaffen. Ich wusste es auch nicht. Wir haben viel gebetet, aber ich habe bis heute keine Antwort darauf, wie diese Verwandlung gelingen konnte.
- Studenten bringen viel Schwung und Energie mit, aber auch eine Menge Arbeit – nicht mehr als andere Startteammitglieder, aber bestimmt auch nicht weniger. Susan und ich haben unzählige Stunden in diese jungen Erwachsenen investiert. Oft saßen wir in großer Runde im Wohnzimmer oder auf unserer Terrasse und haben Themen und Herausforderungen durchdiskutiert und -gebetet. Jede Woche hatten wir die zentralen Leiter bei uns zum Abendessen und arbeiteten an unserer Vision, unseren Kernwerten, Zielen und Strategien. Wir verbrachten viel Zeit im gemeinsamen Gebet und in seelsorgerlichen Gesprächen mit einzelnen Studenten.

Waren die 24 Theologiestudenten der Schlüssel zum Erfolg? So dankbar ich ihnen auch bin für die unvergessliche Erfahrung, so würde ich doch sagen: Nein. Wenn ich die Wahl hätte, würde ich das ideale Gründungsteam so aufstellen:

- Erwachsene, die fest in ihrem Umfeld verwurzelt sind, viele Leute kennen und mögen und so stark mit Nichtchristen vernetzt sind, mit denen sie auch schon über geistliche Themen gesprochen haben, dass diese einer Einladung zu einem Test-Gottesdienst ihres neuen Gemeindeprojektes eine Chance geben.
- Leute, die Geld haben und bereit sind, es einzusetzen, die viel beten, denen es mehr auf Glauben und Liebe zu den geistlich Verlorenen ankommt als auf finanzielle Planbarkeit, Ordnung und Sicherheit und die daran glauben, dass Gott alles möglich ist und er sogar mit ihren Fehlern arbeiten kann.

Ob nun Theologiestudenten oder nicht: Diese 24 jungen Menschen gaben sich ganz hinein und investierten sich nach ihrem Abschluss in die Begleitung der nächsten Generation von Studenten. So entwickelte sich alles ganz natürlich aus dem Bestehenden weiter – eine Graswurzelbewegung entstand.

Vielleicht kann unsere Geschichte als Anregung für Bibelschulen und theologische Seminare dienen, sich an einer Gemeindegründungsbewegung zu beteiligen, indem Gruppen von Studenten sich mit einem ihrer Dozenten oder einem auswärtigen Gemeindegründer zusammentun. Hier ist es ratsam, ein paar Bedingungen zu formulieren, z. B. einen mittleren Notendurchschnitt (um zu gewährleisten, dass unter dem enormen Einsatz nicht das Studium leidet) und ein tägliches Gebetsleben.

4. Ein gutes Mentoringsystem

Wie unter Punkt 1 schon angeklungen hatten wir von Anfang an ein Mentoringsystem, das ich 2006 mit befreundeten Kollegen entwickelt hatte und dann auch in unsere Frankfurter Gemeindegründung einführte.[13] Ich fungierte als einer der Mentoren, der die ersten Gründungspioniere anleitete und begleitete; dazu kamen einige meiner Kollegen von der FTH, unsere Missionare und andere erfahrene Gemeindegründer, die den Studierenden zur Seite standen und sie anleiteten. Mit ihrer Unterstützung und einem Auswertungssystem, das ich gemeinsam mit Kollegen in Deutschland entwickelt hatte, bekamen sie viel Anleitung und Gelegenheiten zur Praxis, sodass sie mit Abschluss ihres Studiums so weit waren, selbst eine Gemeinde zu gründen oder als Pastor zu übernehmen. Entscheidend war, dass wir als Mentoren das Vertrauen aufbrachten, ihnen die pastorale Arbeit zu übertragen, die normalerweise von fertigen „Profis“ gemacht wird.

5. Externe Missionare

Häufig ist es nicht leicht, Pioniere für Gemeindegründung zu finden, die etwas wirklich Neues beginnen wollen und können. Eine weitere Hürde sind die Mentoren für diese Pioniere, die ebenfalls nicht auf der Straße herumliegen. Außerdem ist das Auftreiben der nötigen finanziellen Mittel für die Bezahlung der Gemeindegründer und ihrer Mentoren immer ein Thema. Ausländische Missionare können ein Schlüssel sein, um die zusätzlichen Ressourcen einzubringen. Natürlich sind wir immer auf der Suche nach fähigen Mentoren vor Ort. Doch Missionare bringen ihrerseits einige Vorteile mit:

- Sie kommen mit einer tiefen Liebe für das Land, in das sie ausgesandt sind – oft mehr als die Einheimischen selbst, die sich meist weniger bewusst sind, dass Gott sie dort hingestellt hat, um ein Segen für die Menschen zu sein.
- Sie haben gelernt, eine Kultur zu reflektieren. Mit ihrem Blick von außen verstehen sie die Kultur einer Nationalität oft besser als die Ortsansässigen selbst.
- Missionare sind besonders geeignet, um Gemeinden vor Ort an die Arbeit mit Migranten und Flüchtlingen heranzuführen, weil sie

es gelernt haben, kulturübergreifend zu arbeiten (interkulturelle Kompetenz).

- Missionare bringen ihren Spenderkreis mit und kosten die Gemeinde nichts.
- Manche sind so kompetent, dass sie junge Einheimische als Mentoren begleiten können. Ihr (welt)weiter Horizont kann für die Mentees vor Ort sehr erweiternd und hilfreich sein.
- Wenn sie erst einmal die Sprache gelernt haben, sind manche Missionare gute Gemeindegründer. Mit ihrem Spenderkreis im Rücken können sie eine neue Gemeindegründung angehen und Menschen vor Ort anleiten, sodass die neue Gemeinde schon bald selbstständig werden kann.

Ehrlich gesagt war ich für ein paar Jahre mit der Arroganz geschlagen, dass ich keine Missionare für meine Arbeit in Deutschland bräuchte – obwohl ich selbst Missionarskind und später Missionar gewesen war.

Karen Smith war unsere erste Missionarin, auf die ich mich einließ. Ihr Einsatz brachte unglaubliche Frucht. Seitdem haben Missionare in der Geschichte unserer Mosaikkirche eine wichtige Rolle gespielt: Drei wurden Pastoren einer Mosaikgemeinde (Nr. 1, 2 und 3), ein vierter wurde Ältester in Nr. 3 und konzentriert sich auf den Aufbau neuer Projekte und Dienstbereiche. Drei weitere sind bei Nr. 1, 2 und 3 und investieren den Großteil ihrer Zeit in die Flüchtlinge, um sie in das Leben als Christ einzuführen (Jüngerschaft) und als neue Gemeindeleiter aufzubauen.

Bisher hatten wir Leute aus den USA, Kanada, Holland und Indien im Team; 2017 sollen die ersten Missionare aus Afrika dazustoßen. Wir sind nicht nur für die Flüchtlinge dankbar, die zu uns kommen und neues geistliches Leben in unsere Gemeinden bringen, sondern auch für unsere Missionare, die ebenso aus fernen Ländern zu uns kommen und vieles aufgeben, um uns in unserer Arbeit zu unterstützen.

6. Christus- und bibelzentrierte Verkündigung

Unser Experiment, das wir am Anfang „Kirche für alle Nationen“ nannten, sollte mehr sein als eine Gelegenheit, die in Vorlesungen gehörte Gemeindegründungstheorie in die Praxis umzusetzen. In diesem Labor konnten die Studenten auch lernen und ausprobieren, wie sie Gottes Mission klarer fassen, in ihrem Umfeld umsetzen und anderen vermitteln konnten, wie man Anbetung so aufbaut, dass ein roter Faden entsteht, wie man eine feste Gottesdienstliturgie mit spontanen Elementen verbindet, mit Kritik aus der Gemeinde umgeht, Kleingruppen zum Sprechen bringt etc.

Im Mittelpunkt stand das Predigen. In einem Land, in dem die historisch-kritische Methode seit Langem den Wert der Predigt in der Gemeinde untergraben hat, wollten wir der Verkündigung ihren Ehrenplatz zurückgeben. Ich predigte zweimal im Monat, die anderen Sonntage übernahmen Studenten aus dem Predigtteam. Nachher gaben wir einander Feedback – es lehrte mich immer Demut, wenn meine Schüler die Predigten ihres Dozenten auseinandernahmen.

Außerdem legten wir ein paar Grundsätze fest, denen wir bis heute folgen:

- Die Bibel ist Gottes Wort, inspiriert vom Heiligen Geist, vertrauenswürdig in allem, was sie aussagt, und daher das mächtige Mittel, durch das Jesus dem Hörer persönlich begegnet und ihn verändert.
- Wenn wir der Verkündigung ihren zentralen Platz im Gottesdienst zurückgeben, werden Menschen angezogen, weil die Predigt regelmäßig und kraftvoll in die Begegnung mit Gott und seiner Botschaft der Gnade führt.
- Wenn wir einen Bibeltext auslegen, fragen wir
  a) nach dem Sinn, den der Text in seinem ursprünglichen Umfeld für seine ursprünglichen Hörer gehabt hat
  b) danach, was der Text uns über Gott sagt, damit die Hörer ihn als ihren Schöpfer erkennen, dessen Ebenbild sie tragen

c) danach, was der Text emotional-psychologisch deutlich macht, z. B. über die Sehnsüchte des Hörers und ihre Erfüllung in Gott
d) nach seiner Beziehung zu Jesus – wie Jesus diesen Text erfüllt und im Leben des Hörers verwirklicht

- Was wohl am revolutionärsten für die Studenten war: Wir predigen gleichermaßen für Christen wie für Nichtchristen; wir unterscheiden nicht zwischen Evangelisationspredigt und Erbauungspredigt. Es gibt nur ein Evangelium für alle. Auch Christen müssen immer wieder hören, dass sie ihren Erlöser brauchen, sich von ihren Götzen abwenden und ganz auf Gott setzen, um im Werk Jesu Erfüllung, Bedeutung und Sicherheit zu finden.[14] So predigen wir auf Christen wie auf Nichtchristen hin, vor allem aber auf Christus hin.

Ich bin überzeugt, dass die Vorrangstellung, die wir der Predigt einräumten, nicht nur zu zahlreichen Bekehrungen beitrug, sondern auch die Grundlage für weiteres Wachstum legte: Die Menschen kamen, weil sie merkten, dass sie hier nicht nur Menschenwort hörten, sondern Christus, auch wenn sie (noch) keine Christen waren.

7. Gebet

Gebet hat in den Anfängen und dem Wachstum der Mosaikkirche immer eine besondere Rolle gespielt. Anfangs saßen wir oft als Gründungsteam lange zusammen und verbrachten viel Zeit mit Reden, Beten und Planen. Irgendwann schloss ich mit den Studenten, die sich als zukünftige Leiter der ersten Projekte herauskristallisierten, einen Bund, dass jeder von uns jeden Tag mindestens eine Stunde für unsere Gemeinde ins Gebet gehen würde. Inzwischen ist dies die Voraussetzung für jeden Gemeindegründer in der Mosaikkirche.

Nach den ersten 19 Monaten der *Kirche für alle Nationen* wurde unser Gebet immer mehr zur Bitte um Hilfe, Weisheit und Treue zu seiner Berufung. Wir beteten für Kontakte mit den richtigen Leuten, die uns zu den Menschen führen könnten, die Jesus noch nicht kannten, und für Bewahrung vor den falschen Leuten, die zu sehr ihre eigenen Pläne durchsetzen wollten. Als Muslime, Prostituierte, Besessene, Atheisten, Bettelarme und auch Supererfolgreiche den Weg in unsere Gottesdienste fanden und es zu den erstaunlichsten Begegnungen kam, wurden unsere Gebete mutiger. Voller Erwartung starteten wir reine Gebetstreffen und beteten für mehr von dem, was Gott begonnen hatte, manchmal die ganze Nacht lang oder als Fasten- und Gebetstage.

Manchmal waren unsere Gebete eher defensiv: Wenn unsere vier hübschen jungen Frauen mit ihrem Team „Mehr als Schokolade“ in den Rotlichtbezirk von Frankfurt gingen, um den Frauen dort Liebe, Freundschaft und Schokoriegel anzubieten, waren zwei, drei Jungs im Umkreis unterwegs, um den Herrn um Schutz für unsere Mädchen zu bitten. Offensives Gebet spielt eine wichtige Rolle in unserer ganzen Arbeit, z. B. wenn wir einander die Hand auflegen, um Gottes Segen, Heilung oder Trost auf den anderen herabzubeten. In der Seelsorge beten wir, dass jemand in die beruhigende Gegenwart Gottes kommt. Und wenn wir mit jemandem sprechen, dessen Sprache wir nicht verstehen, legen wir ihm oft die Hand auf und beginnen zu beten. Wir sind oft erstaunt, wie Gebet jede Sprachbarriere durchbrechen kann.

Ich glaube nicht, dass Gott wartet, bis wir ein genügendes Gebetsvolumen aufgebracht haben, damit er uns segnen kann. Doch überall dort, wo Gott eine Gemeinschaft mit ungewöhnlichen Bekehrungen, Wundern und erstaunlichen Entwicklungen segnet, sind Menschen, die viel Zeit im Gebet verbringen und erkannt haben: Gott tut mehr, wenn wir mehr beten und weniger tun, als wenn wir so viel tun, dass wir keine Zeit mehr zum Beten finden.

8. Unsere innere Einstellung

Ein letzter Aspekt, der mir als Ursache für das Wachstum der Mosaikkirche wesentlich erscheint, ist unsere Einstellung. Schon als ich von den USA nach Kanada ging, um in Toronto eine Gemeinde zu gründen, stieß ich auf dieses Geheimnis. Das heißt, eigentlich wusste ich selbst nicht, dass wir ein „Geheimnis" hatten, bis es mir ein Freund erklärte.

Die Stadt war als Friedhof für Gemeindegründer berüchtigt und auch unsere lieben Glaubensgeschwister gaben kaum einen Pfifferling darauf, dass wir es dort zu etwas wie einer Gemeinde bringen würden. Manche forderten Analysen und Zahlen dafür, dass unsere Strategie anderswo in Kanada bereits funktioniert hatte, bevor sie bereit waren, sich unserem Abenteuer anzuschließen. Doch wir wollten die Erfolgsaussichten nicht von Zahlen und Analysen abhängig machen, sondern von Gott und der Kraft seines Geistes. Trotzdem gaben wir uns natürlich jegliche Mühe, die kanadische Kultur und Denkweise zu erforschen und zu verstehen. Erste Interessenten kamen zum Glauben und unser Gründungsprojekt wuchs tatsächlich zu einer stabilen Gemeinde heran.

Ich werde nie vergessen, wie ein Pastorenfreund über uns befragt wurde und unseren „Erfolg" schlicht und einfach mit unserer Einstellung erklärte. Gott ist kein Gott der Form, sondern des Herzens. Er sucht Menschen, die bereit sind, sich ganz auf ihn einzulassen und neue Schritte zu gehen. Genau diese Haltung fand ich auch bei den FTH-Studenten wieder, die sich 2011 in unserem Startteam einfanden. Ich will sie in vier Aspekten beschreiben:

a) Glaube: Es gibt verschiedene Stufen von Glaube. Die Jünger im Sturm auf dem See Genezareth waren nicht vollkommen ungläubig, aber das Wunder der Brotvermehrung hatte sie nicht weiter im Glauben wachsen lassen. Gott will uns Glauben schenken, dass er Neues oder gar Unmögliches tun kann. Diesen Glauben hatten die Menschen in Nazareth nicht, weshalb Jesus dort keine Wunder tun konnte. Gott hält sein mächtiges Eingreifen zurück, wenn Gläubige nicht bereit sind ihm zu vertrauen (auch wenn das nicht heißen soll, dass Menschen, bei denen ein Heilungswunder ausbleibt, zu wenig Glauben haben).

b) Flexibilität: Die konkreten Formen der Gemeindearbeit sollen sich aus dem aktuellen Umfeld entwickeln können. Abendmahl, Lobpreis, Evangelisation, Dienst an Bedürftigen etc. sind Fixpunkte der Gemeinde Jesu, die je nach Kontext anders gestaltet werden können. Dafür brauchen wir Flexibilität und kein Festhalten an dem, wie es schon immer war.

c) Wertschätzung: Welche Wertschätzung bringen wir Menschen entgegen, die ganz anders sind als wir, besonders den Nichtchristen? Bringen wir die Demut auf, auch von ihnen etwas lernen zu können? Haben wir Sympathie für Menschen, die sich in ihren Trieben und Sehnsüchten verloren oder schlechte Verhaltensmuster entwickelt haben? Fühlen wir uns geehrt, wenn sie den Weg in unseren Gottesdienst oder eine Kleingruppe finden? Sind wir bereit, auf ihre skeptischen Fragen einzugehen?

So erging es einmal Lionel in Offenbach. Mitten in seiner Predigt unterbrach ihn ein Gast und regte sich darüber auf, dass Lionel alle Menschen als Sünder bezeichnete. Lionel reagierte nicht verärgert, sondern bedankte sich für seine Ehrlichkeit. Er sah es als Kompliment an, dass dieser Skeptiker sich in ihren Gottesdienst gesetzt hatte und ihnen die Gelegenheit gab, seine Vorurteile zu widerlegen. Seine anschließende Erklärung überzeugte den Gast so, dass er eine Woche später wiederkam. Wenn Gemeindemitglieder begreifen, welches Vertrauen ein Nichtchrist aufbringt, wenn er sich trotz Angst und Unbehagen in ihre Veranstaltung setzt, haben sie allen Grund zur Wertschätzung.

Für unsere innere Einstellung sind Glaube, Flexibilität, Wertschätzung und Feiern entscheidend.

d) Feiern: Wenn wir miterleben, wie Gott unseren Haufen allzu menschlicher Menschen als Inkubator zur Lebensveränderung für andere gebraucht, können wir nur jubeln und feiern. In Frankfurt-Nord schicken wir Menschen, die zum ersten Mal bei uns waren, eine Dankesmail und nach dem zweiten Mal eine Einladung zu einem *Welcome Lunch* ins Haus des Pastors. Dann sitzen wir rund um unseren Tisch, genießen die Kochkünste meiner Frau und sprechen darüber, wie es dazu kam, dass sie zu uns gestoßen sind, und warum sie nach dem ersten Mal wiedergekommen sind. Wenn wir die persönlichen Geschichten hören, können wir innerlich einfach nur jubeln.

9. Der Zeitpunkt Gottes

Ich denke, man kann mit Fug und Recht behaupten, dass dies der größte Erfolgsfaktor ist: Gott sucht sich seine Zeiten und Wege und bereitet seine Leute auf das vor, was er vorhat. Wir waren einfach zur richtigen Zeit am richtigen Ort. Als wir uns 2011 dafür entschieden, „Kirche für alle Nationen" werden zu wollen und das 50/50-Modell zu probieren, konnte keiner ahnen, dass sich kurz danach eine riesige Flüchtlingswelle in Gang setzen würde, die (zusätzlich zu den bisherigen Einwanderungswellen, die bisher leider von der monokulturellen Gemeinde ignoriert worden waren), Hunderttausende aus anderen Kulturen zu uns schwemmen würde. Die Studenten folgten einfach dem inneren Drängen Gottes und blieben dran, als in den ersten 19 Monaten nicht viel passierte. Als dann auf einmal afghanische und iranische Muslime statt deutscher Türken kamen (und traumatisierte Flüchtlinge statt langjähriger Einwanderer), waren sie bereit, sich auf die Überraschung einzulassen. Ihr Mut war wichtig, aber nichts davon hätte geschehen können, wenn Gott es nicht bewirkt und uns dorthin geführt hätte.

Seit Deutschland im Sommer 2015 seine Grenzen für die Flüchtlinge aus Syrien und anderen Ländern geöffnet hat, überschlagen sich auch die Ereignisse rund um die Mosaikkirche, von denen ich im übernächsten Kapitel erzählen werde. Doch werfen wir zunächst einen Blick auf die Flüchtlingswelle, die größte Migrationsbewegung seit dem Zweiten Weltkrieg. Diese moderne Völkerwanderung ist nicht nur die Folge einiger der schlimmsten Tragödien unserer Zeit, sondern eröffnet ganz neue Chancen für den, der aus dem Schlimmsten etwas Gutes machen kann. Seit sich vor allem Millionen von Muslimen auf den Weg nach Europa gemacht haben, sehen wir Gottes Wirken an den Nationen, die für das Evangelium vorher kaum erreichbar waren.

Kapitel 3

Die Flüchtlingstragödie und der Triumph Gottes

„Jedes Mal, wenn ich die Spatzen sehe, die hier im Lager herumfliegen, denke ich daran, dass ‚kein Spatz auf die Erde fällt ohne den Vater'. Diese Flüchtlinge sind wie die Spatzen."

Susan Beck auf Lesbos

Mitten im Feuer

Die Geschichten sind furchtbar und die Tragödien nur schwer mit Worten zu beschreiben. Der islamistische Bekehrungszwang hat das Leben hunderttausender Männer, Frauen, Kinder und Babys vernichtet. Millionen Menschen im Iran, Sudan, in Irak, Syrien, Afghanistan, Marokko und Eritrea sind für immer seelisch vernarbt und tief traumatisiert, weil sie miterleben mussten, wie Männer enthauptet wurden und ihre Frauen und Töchter immer wieder vergewaltigt oder in dauerhafte Sklaverei verschleppt wurden. Die Organe ihrer Söhne wurden herausgeschnitten und auf den Boden geworfen, Babys gegen die Wand geschleudert und den Vätern durch Bombenexplosionen die Gliedmaßen abgetrennt. Der Dschihad kennt keine

Barmherzigkeit und richtet mit seinem Hass ein unvorstellbares Blutbad an.

Doch genug der Horrorgeschichten. Wer es genauer wissen will, kann z. B. bei Mindy Belz nachlesen, die in ihrem Buch *They Say We Are Infidels* („Sie sagen, wir sind Ungläubige“[15]) vom Schicksal der Christen im Nahen und Mittleren Osten erzählt. Der preisgekrönte Journalist Michael Richter hat die Tragödie in seinem Buch *Fluchtpunkt Europa*[16] beschrieben. Seine herzzerreißenden Berichte nehmen uns mit an das Jahresende 2014. Seit Anfang 2015 vergeht kaum eine Woche, in der wir nicht von weiteren Tragödien hören und lesen, dazu von Toten im Mittelmeer, menschenunwürdigen Lebensbedingungen in den Lagern in Griechenland, der Türkei, Bulgarien und Italien oder von Flüchtlingsheimen in Deutschland, die von Rechtsextremisten aus Fremdenhass in Brand gesetzt werden.

Für viele von uns sind dies nur Berichte. Für den jungen Syrer, der mir im Juli 2016 auf seinem Smartphone unter Tränen ein Bild von den verwüsteten Häusern in seiner Heimatstadt Aleppo zeigte, ist diese Tragödie seine persönliche Erfahrung. Er selbst wurde auf dem Weg nach Europa von griechischen Polizisten vergewaltigt, angespuckt und ausgelacht. An dem heißen Sommertag weinte er, weil die heftige Bombenexplosion am Vortag seine Freunde und Familienmitglieder in den Tod gerissen hatte.

Mindestens die Hälfte aller Flüchtlinge, die bei uns ankommen, sind tief greifend traumatisiert. Kein Land verfügt über genügend qualifizierte Therapeuten, um diese Warteschlange an Flüchtlingen bewältigen zu können, die jeden Tag in einem tiefen, schwarzen Loch sitzen. Kein Politiker weiß eine Antwort; keine Partei in Europa, egal ob rechts- oder linksorientiert, hat die Lösung für diese menschliche Tragödie. Keine Politik kann Menschen verändern, die andere hassen (weil sie nicht zu ihrer Religion gehören), ausbeuten (um ihres persönlichen Vorteils willen) oder entwürdigen (um sich mächtiger zu fühlen), und sie dazu bewegen, ihren Nächsten zu lieben, ihm zu helfen und ihn zu achten.

Mitten in dieses unlösbare Trauma strahlt das Evangelium hinein. Gott mobilisiert seine Kinder in seiner Kirche, um diesen Menschen zu begegnen, manchmal sogar schon, bevor sie überhaupt bei uns angekommen sind. Ein Beispiel dafür ist Amir, den ich in einer kleinen Gemeinde in Athen kennenlernte. Ich hatte meine Predigt kaum beendet, als der Iraner schon begeistert auf mich zukam und mir seine Geschichte erzählen wollte.

Er und seine streng muslimische Frau waren mit ihren drei Kindern aus dem Iran geflohen. Als sie in Bulgarien ankamen, hatten sie nichts zu essen und keinen Ort, wo sie bleiben konnten. Nach einigen Tagen und unzähligen rituellen Gebeten auf Arabisch packte ihn die Verzweiflung. Allah reagierte nicht auf sie. Amirs Kinder hatten Hunger. Selbst in den öffentlichen Mülleimern war nichts zu holen. Etwas in Amir bäumte sich auf und er schrie in Panik: „Jesus, ich kenne dich nicht, aber wenn es dich gibt, dann hilf mir!"

Eine Stunde später klopfte ein Mann an dem verlassenen Haus, das Amir am Rande eines Dorfes gefunden hatte. Er hielt Tüten voller Lebensmittel in den Händen und erklärte, dass Jesus ihm vor einer Stunde gesagt hatte, dass er zu der Adresse gehen und Nahrungsmittel bringen sollte.

Das war Amirs erste Begegnung mit Jesus. Weitere kamen hinzu. Amir verließ seine Familie, um sie später nachzuholen. Als er mit drei Landsleuten den langen Fußmarsch von Bulgarien nach Griechenland antrat, kam ihm eines Tages auf der Straße ein Fremder entgegen, der ihm eine Bibel auf Farsi überreichte. Als Amir sie aufs Geratewohl aufschlug, fiel sein Blick auf Jesaja 41,9-10: „*... den ich fest ergriffen habe von den Enden der Erde her ... –, fürchte dich nicht, ich bin mit dir; weiche nicht, denn ich bin dein Gott. Ich stärke dich, ich helfe dir auch, ich halte dich durch die rechte Hand meiner Gerechtigkeit.*"

Amir war fassungslos: Das heilige Buch der Christen schien wie extra für ihn geschrieben zu sein! Kurz darauf klingelte sein Handy und ein Unbekannter sagte zu ihm auf Farsi: „Geh in die Kirche xy [die Person nannte ihm die Adresse], sie haben Kleidung für dich."

Amir fand die Kirche und der Pastor erklärte ihm, wie er eine Beziehung zu Gott haben könne.

Nachdem Amir sein Leben Jesus gegeben hatte und getauft worden war, ließ er seine Familie wissen, dass in Athen ein neues Leben auf sie wartete, dass er nun Nachfolger Jesu sei und dass er für seine Familie sorgen könne, wenn sie in die griechische Hauptstadt zögen. Doch seine Frau war entsetzt über seine Bekehrung. Sie ließ sich scheiden und nahm die Kinder mit nach Norwegen.

„Es hat mich alles gekostet, Jesus zu folgen", sagte er mir an dem Sonntag. „Mein Leben ist mehrfach bedroht worden durch Leute, die Jesus hassen und iranische Nachfolger Jesu tot sehen wollen. Doch in dieser Gemeinde habe ich eine neue Familie. Jesus hat sich vor meiner Bekehrung um mich gekümmert, er wird es auch nach ihr tun, jeden Tag, bis ich ihn persönlich im Himmel sehen werde."

Was für ein radikaler Glaube! Als mir das Gespräch nachging, dachte ich, wie inspirierend und motivierend dieser Glaube für europäische Christen sein kann, die zu lange schon Christsein mit Behaglichkeit verwechselt haben.

Aus der Asche zu Gott

„Wie können wir Christen werden?" – Ich traute meinen Ohren kaum. Niemand im Raum hatte ihm das Evangelium erklärt. Niemand von unserer Entdeckergruppe für Flüchtlinge hatte mit diesem Moslem aus Mossul im Irak diskutiert und ihn zu überzeugen versucht, dass seine Religion ihn in die Irre geleitet habe und Jesus der wahre Weg zu Gott sei. Er war spontan mit seiner Frau und seinen fünf Kindern bei Christian und Damaris erschienen und hatte durch einen Übersetzer darum gebeten, mit mir in einem anderen Zimmer sprechen zu können. Nun rückte er mit dieser Frage heraus. Ich wollte herausfinden, wie es dazu gekommen war.

Das Gründungsteam Nr. 8 *Gießen-Südkreuz* (vgl. Kap. 1) hatte in der Woche zuvor ein Willkommensfest für die vielen Flüchtlinge veranstaltet, die erst kürzlich in ihrem Dorf angekommen waren. Auf der Speisekarte des Abends stand Lamm vom Grill. Die Kinder spielten auf dem Parkplatz Fußball und Verstecken, Grillduft breitete sich aus und sechzig Erwachsene aus dem Irak, Iran, Syrien und Afghanistan füllten die Halle. Die zwanzig Deutschen füllten die Tische mit gutem Essen und bewirteten die Gäste mit Getränken; dann wurde das köstliche Lamm auf Platten hereingebracht und jeder konnte es sich schmecken lassen. Die nächste Stunde saßen wir alle dort, aßen gemeinsam und versuchten uns zu unterhalten. Dann stand Christian auf, suchte sich zwei Übersetzer (Farsi und Arabisch), hieß alle herzlich willkommen und lud sie ein, offen über Gott zu diskutieren und am nächsten Mittwoch zu ihm nach Hause zu kommen.

Und da saßen wir nun. Die kurdische Familie aus dem Irak, die mit ihrer überraschenden Frage vor mir saß, war beim Grillfest gar nicht dabei gewesen, doch ein deutsches Ehepaar aus unserem Gründungsteam hatte sich auf dem Fest plötzlich an diese Familie erinnert, die in einem ganz anderen Flüchtlingslager lebte. Kurz entschlossen waren sie hingefahren und hatten die Familie zu dem Treffen bei Christian und Damaris eingeladen. So kam es zu dieser Begegnung, als das kurdische Familienoberhaupt plötzlich mit der Frage herausplatzte: „Wie können wir Christen werden?“ Es kam mir so unwirklich vor – noch niemals hatte mir ein Fremder spontan eine solche Frage gestellt!

„Aber Sie kennen mich doch gar nicht. Warum kommen Sie mit dieser Frage zu mir?“, fragte ich. Dann erklärte mir der Mann, dass zwei seiner Freunde im Irak Christen geworden waren und ihn und seine Familie ermutigt hatten, ebenfalls Nachfolger Jesu zu werden. Ihre drei Bücher über Jesus hatte er alle gelesen und mit seiner Frau und seinen Kindern darüber gesprochen. Daraufhin beschlossen sie alle, Christen zu werden, und gingen zu einer nahe gelegenen kurdischen Gemeinde, um sich taufen zu lassen. Doch der Priester wusste, dass der IS auf dem Weg in die Stadt war, und riet der Familie, sofort zu fliehen. So konnten sie Mossul gerade noch verlassen, bevor die Stadt zerstört wurde und viele Menschen ums Leben kamen.

Mithilfe des Übersetzers stellte ich ein paar Fragen, um herauszufinden, wie viel die Eltern wirklich verstanden hatten. Sie hatten noch niemals eine Bibel in den Händen gehalten, geschweige denn darin gelesen. Aber offensichtlich hatten sie aus diesen drei Büchern, die sie im Irak gelesen hatten, schon eine Menge über Jesus verstanden.

„Sie können euch umbringen, wenn ihr euch für Jesus entscheidet und taufen lasst", warnte ich sie, um die Motive der Familie zu überprüfen.

Der Mann antwortete: „Hier in Deutschland sind wir frei."

„Ja und nein", antwortete ich, „vom Gesetz her habt ihr Religionsfreiheit, aber viele Muslime sind wütend auf ihre Landsleute, die sich zu Jesus bekehren. Sie beobachten euch. Im vergangenen Jahr hat ein Muslim in einem Flüchtlingslager nicht weit von hier auf einen ehemaligen Imam eingestochen, der sich zu Jesus bekehrt hat. Mehrere Tage schwebte er in Lebensgefahr. Euch könnte das Gleiche geschehen."

„Lieber bin ich Nachfolger Jesu und sterbe, als dass ich Muslim bleibe und lebe", antwortete der Mann.

Die Dringlichkeit in seiner Stimme rührte mich zu Tränen. Etwas ratlos schlug ich ein Treffen eine Woche später vor. „Wenn ihr seht, was die Bibel über Jesus sagt, wer er ist, wer er war und was es kostet, ihm zu folgen, und ich den Eindruck habe, dass ihr es in eurem Herzen verstanden habt, wird unsere Gemeinde einen besonderen Gottesdienst feiern und ich werde euch alle auf den Glauben an Jesus taufen." Offiziell waren wir noch gar keine Gemeinde, sondern nur ein Gründungsteam. Gott war uns schon voraus!

Auf der Heimfahrt am Abend hatte ich das Gefühl, über die Autobahn zu fliegen. Ich fühlte mich in biblische Zeiten versetzt, als der fremde Gefängniswärter in Philippi zu Paulus und Silas kam und fragte: „Was muss ich tun, um gerettet zu werden?" (Apostelgeschichte 16,30). Nur der Heilige Geist kann solche Momente anbahnen. Ich dachte an Damaris und Christian, an das erste Treffen mit den anderen Gemeindepastoren an ihrem Tisch wenige Monate zuvor und wie schnell ihr Mut mit so viel Frucht belohnt worden war. Aber ich dachte auch an den kurdischen Mann und seine Familie, die eine schreckliche Reise mit furchtbaren Erfahrungen hinter sich hatten, nur weil sie der inneren Sehnsucht gefolgt waren, Nachfolger Jesu zu werden.

Das Wunder geschieht überall

„Wie können wir Christen werden?" – Das ist der Moment von Gottes Triumph, zu dem die große Flüchtlingstragödie gerade an vielen Orten führt. Flüchtlinge gehen durch die schlimmsten Umstände und Erfahrungen, um jemanden zu finden, der ihnen ihre Frage beantwortet: „Wie können wir Christen werden?" Aus Hamburg, Berlin, Stuttgart, Wien, Rotterdam, aus großen Städten wie aus Dörfern kommen die persönlichen Berichte von Bekehrungen und Taufen.

Flüchtlinge gehen durch die schlimmsten Umstände und Erfahrungen, um jemanden zu finden, der ihnen ihre Frage beantwortet: „Wie können wir Christen werden?"

In Athen saß ich im Auto eines befreundeten Pastors. Wir waren unterwegs zu einer Konferenz (vgl. Kap. 4) und ich erzählte ihm von den Muslimen, die in unsere Gemeinden in Deutschland kommen, Jesus in Träumen begegnen und sich entscheiden, ihn kennenlernen und ihm nachfolgen zu wollen.

Mein Begleiter Phil explodierte regelrecht: „Mensch, das geschieht auch bei euch in Deutschland?" Dann erzählte er atemlos: „Neulich hatte ich gerade die Tür vom Gemeindehaus hinter mir abgeschlossen, da bemerkte ich zehn Syrer auf dem Bürgersteig. Einer von ihnen fragte mich in gebrochenem Englisch, ob ich der Pastor sei. Als ich bejahte, freute sich die ganze Gruppe und der Mann erklärte mir, dass sie schon einige Stunden nach unserem Gemeindehaus gesucht hatten. Jemand hatte ihnen die Adresse gegeben, doch als Arabisch sprechende Syrer hatten sie mit den griechischen Buchstaben wenig anfangen können. Gerade hatten sie das Kreuz auf unserem Dach entdeckt und ein Passant ihnen bestätigt, dass sie an der richtigen Adresse seien.

Ich unterbrach Phil: „Das ist ja irre! Da suchen sie stundenlang in der Fünfmillionenstadt nach einem bestimmten Gebäude und finden es? Was für ein *God-thing!*"

Phil fuhr fort: „Auf meine Frage, was ich denn für sie tun könne, antworteten sie: ‚Bitte sagen Sie uns, wie wir Christen werden können!' Selbst in meinen kühnsten Träumen hatte ich mir nicht vorstellen können, dass ich den Tag erleben würde, an dem vollkommen Fremde, noch dazu Muslime, zu mir kommen und mich unvermittelt fragen würden, wie sie Christ werden könnten."

„Und, was hast du gemacht?", fragte ich Phil.

„Ich habe natürlich sofort die Tür wieder aufgeschlossen und diese Leute hereingelassen", erwiderte er. „Sie erzählten mir, dass sie aus dem Flüchtlingslager am alten Flughafen kamen, also mussten sie mehrere Kilometer zu Fuß in die Stadt gelaufen sein, um unsere Kirche zu finden. Ich lud sie ein, in ein paar Tagen noch einmal wiederzukommen; bis dahin würde ich einen arabischen Übersetzer organisieren, um mich gut mit ihnen verständigen zu können. Zur vereinbarten Zeit kamen sie wieder. Daraus wurde ein spontaner wöchentlicher Taufvorbereitungskurs. Sie meinten es wirklich ernst und man konnte sehen, wie sehr sie sich in Jesus verliebt hatten. Er bedeutete ihnen alles. In zwei Wochen ist die Taufe."

Gottes Triumph nach der Tragödie! Gottes Triumph *über* die Tragödie!

In Rotterdam erfuhr ein Muslim aus dem Irak, dass ein Kurde eine kurdische Gemeinde begonnen hatte. Auf der Straße ging das Gerücht um, dass viele Muslime Ungläubige geworden seien und diese kurdische Gemeinde mit ihrem Pastor Schuld daran sei. Sogar in

Europa musste diese Gemeinde mit ihrem Pastor in den Untergrund abtauchen.

Der Muslim aus dem Irak ging auf die Suche nach dem Pastor. Mit viel Ausdauer gelang es ihm, seine Adresse herauszufinden. Um nicht gesehen zu werden, wartete er bis zum Einbruch der Dunkelheit; dann klingelte er an der Wohnungstür in dem Hochhaus.

Als die Frau des Pastors die Tür einen Spaltbreit öffnete, sagte der Fremde: „Ich muss mit dem Pastor reden. Bitte lassen Sie mich herein."

Da machte die Frau die Tür wortlos zu. Der Iraker wurde ungeduldig, klopfte immer wieder und rief: „Ich *muss* den Pastor sprechen, bitte!"

Der Pastor bemerkte die Panik in der Stimme des Besuchers und öffnete vorsichtig die Wohnungstür. „Was ist?", fragte er seinen Landsmann.

Der Kurde platzte heraus: „Erklären Sie mir, wer Jesus ist!"

Jetzt machte der Pastor die Tür weit auf und bat den Mann, sich zu setzen. Er bot ihm Speis und Trank und schlug eine kurdische Bibel auf. Dann erklärte er ihm, dass Jesus Gott ist, für unsere Sünden am Kreuz bezahlt hat, drei Tage später vom Tod auferstanden ist und uns seinen Heiligen Geist gibt, damit wir eine Beziehung mit Gott haben können, ewiges Leben empfangen und in Gottes Kraft der Welt von diesem wunderbaren Retter erzählen können.

Plötzlich fiel der Mann auf seine Knie, brach in Tränen aus und vergrub sein Gesicht in seinen Händen. Minutenlang weinte er laut. Als er wieder zu sich kam und sprechen konnte, schaute er den Pastor an und fragte schluchzend: „Warum habe ich das nicht schon vor zehn Jahren gehört? Ich hätte so vielen Menschen in meinem Land davon erzählen können, ich hätte meine ganze Familie in Irak davon wissen lassen können. Jetzt werden sie ohne Gottes Retter und Rettung sterben müssen!"

Die Herausforderung vor unserer Tür

Überall suchen Muslime nach Kirchen und Christen, die ihnen erzählen können, wer Jesus ist. Sie haben die Grausamkeiten in ihrer Heimat überlebt, dann das wilde Meer, schlimme Krankheiten, die Enge der überfüllten Boote, die Schlepperbanden, die raubenden Piraten, furchtbaren Hunger und Durst; Grenzpolizisten, die auf sie schießen oder schlimmer behandeln als Schweine auf dem Weg zur Schlachtung; Vergewaltigungen, Schläge, Inhaftierungen, Beleidigungen, kalte Nächte und unerträglich heiße Tage, lange, staubige Straßen und endlose stinkende Busfahrten ... Diese traumatisierten Menschen stehen am Ende ihrer Reise vor unserer Haustür, um den größten Sieg ihres Lebens zu feiern, wenn sie uns fragen: „Wer ist Jesus?" und „Was muss ich tun, um gerettet zu werden?"

Das holt die Kirche mit einem Schlag aus ihrer Komfortzone heraus und stellt sie mitten in ungemütliche Herausforderungen. Ganz plötzlich sind wir mit dem Unbekannten konfrontiert, plötzlich müssen wir uns entscheiden. Entweder wir verschließen uns und unsere Gemeinde vor dieser Welle von Fremden. Sie können versuchen, in Ihrem Leben und Ihrer Gemeinde alles unter Kontrolle zu behalten, vorhersehbar und durchstrukturiert (und irgendwo auch langweilig). Oder Sie verlassen bewusst Ihre Komfortzone und lassen sich auf das große Abenteuer ein. Genauso wie die Millionen von Flüchtlingen, die es gewagt haben, die Meere zu überqueren, um an einen Ort zu kommen, an dem sie fragen dürfen, wie sie Christen werden können.

Wenn Sie sich für die zweite Alternative entscheiden, steuern Sie einem tief greifenden Paradigmenwechsel entgegen, der sich schon immer wieder angekündigt hat: der Kirche für andere. Immer mehr Menschen machen sich auf diesen Weg und lassen sich auf das Abenteuer ein. Was sich alleine in meinem Umfeld im Jahr 2016 ereignet hat, raubt mir den Atem. Einiges davon möchte ich Ihnen im nächsten Kapitel erzählen, bevor wir uns dann in Teil 2 ansehen, wie diese Kirche für andere aussehen kann.

Kapitel 4

Eine Bewegung entsteht

„Wer einmal eine mono/multikulturelle Kirche erlebt hat, wird nie mehr zu einer monokulturellen Kirche zurückwollen. Wer einmal einen Farbfernseher hat, wird nie mehr zum Schwarz-Weiß-Fernseher zurückwollen."

Horst Engelmann (Missionsleiter Wiedenest)

Ehrlich gesagt bin ich vorsichtig, wenn Leute das Wort „Erweckung" in den Mund nehmen. Der amerikanische Anteil meiner polnisch-jüdisch-deutsch-österreichisch-amerikanisch-kanadischen Persönlichkeit ist skeptisch geworden gegenüber meinen amerikanischen Mitbürgern, die nach Europa kommen und jedes Mal „Erweckung!" jubeln, wenn ein Afghane sich Jesus zuwendet, zwei Iraner sich taufen lassen wollen oder 20 000 Christen in einem deutschen Stadion zusammenkommen und Gott anbeten. Tief in mir grummelt eine leise Stimme: „Ami, go home!"

Doch im Sommer 2015 fragte ich mich, ob wir es angesichts der riesigen Flüchtlingswelle, der besonderen Multiplikation unserer Mosaikgemeinden im Rhein-Main-Raum und den erstaunlichen Berichten von Massentaufen ehemaliger Muslime in Berlin, Hamburg, Köln oder Stuttgart in Freikirchen wie Landeskirchen nicht doch mit einer göttlichen Heimsuchung zu tun haben. Im Oktober schickte ich eine

Mail an rund zehn Pastoren, die intensiv mit Flüchtlingen arbeiten, um das Interesse an einem Treffen zur Frage zu sondieren: „Muslime strömen in unsere Gemeinden, was machen wir damit?“ Jeder Einzelne antwortete mir, dass die Entwicklung ihn überraschte und er ein Treffen für dringend angebracht hielt, um unsere Erfahrungen auszutauschen, zu analysieren und das Material zu sichten, das für die Arbeit mit Muslimen ohne Deutschkenntnisse vorhanden ist.

Gottes Geist wirkte über alles hinaus, was ich mir vorgestellt hatte. Zum einen lernte ich Horst Engelmann kennen, den Missionsleiter vom Forum Wiedenest, der früher als Theologischer Lehrer in Tansania gewesen war. Der Missionsexperte und Leiter von *Jesus Unites* (vgl. Anhang B.) sagte sofort zu, als ich ihn im November 2015 fragte, ob er mit mir zusammen dieses Pastorentreffen auf die Beine stellen würde. Er kontaktierte umgehend alle Missionare und Missionsgesellschaften in Deutschland, die etwas mit der Arbeit unter Muslimen zu tun hatten, und stellte einen Thinktank zusammen. Zum anderen griff das Thema unter den Pastoren in Deutschland um sich wie ein Lauffeuer: Hatten ursprünglich 20 Pastoren das Treffen zugesagt, wurden es 40, dann 60. Wir stellten unser Konzept für das Treffen entsprechend um, doch als wir kurz vor dem Termin über 100 Anmeldungen hatten, merkten wir, dass die Sache außer Kontrolle geriet. Als der Tag kam, hatten sich 150 Pastoren aus ganz Deutschland angemeldet, um mit Auto, Zug oder Flugzeug für vier Stunden nach Frankfurt zu kommen.

Im Sommer 2015 fragte ich mich, ob wir es mit einer göttlichen Heimsuchung zu tun haben.

Februar 2016, Matthäuskirche Frankfurt

„Ich habe aufgehört zu zählen“, sagte mir die Mitarbeiterin am Anmeldetisch, „es müssen über 180 sein“. Mir schoss kurz das Wort „Erweckung“ durch den Kopf, aber ich wollte die leise Stimme in mir nicht auf den Plan rufen. Aus allen möglichen Kirchen und Gemeinden saßen sie da, aus Dörfern, Städten und Großstädten aus allen Himmelsrichtungen, dazu von Missionsgesellschaften, Bewegungen und Instituten. Viele hatten den Eindruck, an der Schwelle zu einem neuen Wirken Gottes zu stehen.

Horst Engelmann sprach über unser jahrzehntelanges Versagen, Migranten in unsere deutschen Kirchen und Gemeinden zu integrieren. Umso mehr sei es jetzt unsere Verantwortung, diese Flüchtlingswelle als Auftrag des Geistes Gottes anzunehmen und unsere Gemeinden auf diese neue Normalität einzustellen. Dann sprach ich über Gottes Erlösungsplan und die Rolle des Fremden darin: Abraham als Fremder, Mose in Ägypten, Israel als das Volk, das er aus der Fremde gerettet hat. Jesus als der Fremde, der in unsere Welt gekommen ist, um uns zu erlösen, die wir von Gott entfremdet waren, damit wir nun zu seiner Gemeinschaft, seinem Reich gehören können. Und dann Pfingsten und der Neue Bund, in dem Nationen nun zum Volk Gottes dazukommen.

Dann schloss ich:

> *Heute erleben wir, wie sich diese Geschichte Gottes mit den Nationen vor unseren Augen ereignet. (…) Ich glaube, dass Gott uns diese Migranten und Flüchtlinge aus der Fremde schickt, damit wir sie als Deutsche segnen können. Wir sind berufen, unsere Herzen zu öffnen und den Fremden zu dienen, ihnen Gnade zu erweisen, ihnen im Namen Jesu ein Glas Wasser zu reichen und ihnen unsere Häuser und Gemeinden zu öffnen. (…) Könnte dies die Zeit sein, in der wir unsere schreckliche Geschichte ins Positive wenden können? Wie ein Pastor in Berlin einmal zu mir sagte: „Ich sehne den Tag herbei, an dem Berlin nicht länger als Fluch bekannt ist, sondern als Segen für die Völker." Gott schenkt uns heute die Gelegenheit, ein solcher Segen zu werden!*
> *Doch er schickt uns diese vielen Flüchtlinge nicht nur, um sie als Gastgeber zu segnen, sondern auch, um durch sie*

selbst gesegnet zu werden. Die Christen bei uns werden aufwachen, wenn sich muslimische Flüchtlinge Jesus zuwenden und den radikalen Schritt der Taufe gehen, der sie in ihren Heimatländern auf die Todesliste setzt. Wenn die ‚Monos' die ‚Multis' umarmen, werden die ‚Multis' die ‚Monos' segnen. Darin spiegelt sich die Schönheit dessen, was wir als mono/multikulturelle Gemeinde beschreiben.

Unser Treffen endete mit einer langen Gebetszeit für diesen neuen Tag der Kirche. Viele Pastoren brachten tiefe Buße darüber zum Ausdruck, dass sie sich der Migranten im Land so wenig angenommen hatten.

März 2016, Rotterdam

Theo Visser kenne ich schon seit 2012. Seine Bewegung zur Gründung internationaler Gemeinden (ICP) in den Niederlanden entsprang der gleichen Vision wie unserer Mosaikkirche: Auch er sah, dass die christlichen Kirchen stärker auf den Gesellschaftswandel von mono- zu multikultureller Gesellschaft eingehen müssten. Nun richteten wir unsere dritte gemeinsame Konferenz zu „multikultureller Gemeindegründung in Europa" aus.

So viele Teilnehmer aus so vielen Ländern und Kirchen waren noch nie dabei gewesen. Unser Bild von dem, was Gott in Europa tut, war inzwischen klarer geworden, und so sprach ich wieder über Gottes Heilsplan mit den Nationen und sein Wirken in der Flüchtlingskrise. Außerdem warb ich für den mono/multikulturellen Ansatz, der im Gegensatz zu rein multikulturellem Gemeindebau nicht einfach verschiedene Nationalitäten in den Gemeinden zusammenbringen will, sondern den einheimischen Christen das Mandat gibt, auf sie zuzugehen und sie in ihrer Mitte aufzunehmen.

Nach drei Tagen und vielen Seminaren und Vorträgen beendeten wir die Konferenz mit einem Abendmahl. Spontan erzählte ich den Teilnehmern aus allen Ecken Europas von dem Treffen in der Matthäuskirche. In dem Moment brach der Geist Gottes in unsere Herzen durch. Ich musste weinen über die Kirche in Europa. Vielen kamen die Tränen und wir beteten leidenschaftlich zum Herrn der Völker für unseren Kontinent. Auch einige junge evangelische Pastoren aus Griechenland waren sehr bewegt von der Idee mono/multikultureller Gemeinden, da ihr Land von der Flüchtlingswelle ja ebenso betroffen war wie Deutschland. Die griechischen Gemeinden hatten noch nicht erkannt, welche Chancen Gott ihnen hier eröffnete, „zu allen Völkern hinzugehen und Menschen zu Jüngern zu machen" (Matthäus 28,19). Vor dem Abflug luden die Pastoren mich und meinen Kollegen William Splitgerber spontan ein, zu einer Konferenz in ihr Land zu kommen.

Mai 2016, Athen

William und ich landeten auf dem neuen Flughafen. Phil holte uns ab. Der alte Flughafen, der bis zur Olympiade 2004 genutzt worden war und danach lange leer gestanden hatte, wurde nun wieder genutzt. Für Flüchtlinge, 5000 an einem Ort. Wir fuhren an den alten Gebäuden vorbei – Hangars, Landebahnen, Schalterhallen, Parkplätze … alles voller Menschen. Viele sahen einsam, traurig und verzweifelt aus. Ihre Lebensbedingungen waren furchtbar; viel zu wenig Duschen, Platz, Essen. Die „Flüchtlingskrise" hatte hier noch einmal ganz andere Ausmaße, wie Phil uns anhand vieler trauriger Details erläuterte.

Am nächsten Tag fuhren wir durch die Innenstadt zum Victoria Square, wo Phil uns erzählte, wie sich die Flüchtlinge hier bis vor Kurzem so eng gestapelt hatten, dass man kaum durchgekommen war, um Wasserflaschen und Nahrungsmittel auszuteilen. Hier waren sie gestrandet und dann nach ein, zwei Tagen von Bussen in andere Länder gebracht worden, bis die Zäune errichtet wurden und die Flüchtlinge in Griechenland oder der Türkei festhingen, meist unter erbärmlichsten Bedingungen.

Dann besuchten wir zwei Flüchtlingseinrichtungen, die vor einem Jahr von norwegischen Christen eröffnet worden waren, eins für Frauen und Kinder und eins für minderjährige Jungen, die sonst oft auf der Straße landen und in die Klauen des Sexhandels geraten. Wir sahen, wie Tee, Kleidung und Warmherzigkeit ausgeschenkt wurden und weitere Räume mit Betten hergerichtet wurden, und erfuhren von der medizinischen Hilfe, die dort ebenfalls geleistet wird. Um dem Elend der Flüchtlinge in Griechenland abzuhelfen, bräuchte man eigentlich viel mehr solcher Einrichtungen. Doch evangelikale Christen sind im Land zu einem Vorbild für Barmherzigkeit und Freundlichkeit geworden. So liegt die Arbeitslosenquote von Evangelikalen momentan bei 0 Prozent, weil jeder Arbeitssuchende einen bezahlten Job in einem der neuen Flüchtlingsheime gefunden hat.

Doch bisher hatten die Kirchen noch nicht den Schritt unternommen, die Flüchtlinge in das Leben ihrer Gemeinden einzuladen. Dazu sollte nun die Konferenz dienen, zu der 50 Pastoren, Gemeindeleiter, Theologiedozenten und Mitglieder christlicher Hilfsorganisationen kamen. Die Teilnahme war nur auf persönliche Einladung möglich, da evangelische Christen in Griechenland eine winzige Minderheit darstellen und geächtet sind.

Ich sprach über Gemeindegründung und die missionale Gemeinde. Als ich zum Thema der mono/multikulturellen Gemeinde kam, bewegte Gott die Herzen. Ich erzählte von einem Imam aus Pakistan, der Jesus in Athen begegnet und Christ geworden war. Dann erzählte ich ihnen von Clem und Sylvia aus Oberursel (vgl. Kap. 1 und 2, Mosaikgemeinde Nr. 3) und wie sie sich so aufopfernd um drei Roma in ihrer Gegend gekümmert hatten, dass ihre ganze Gemeinde verändert worden war (vgl. Kap. 9). Ich erzählte von Kathis Mut, die Afrikaner im Bahnhofsviertel anzusprechen (vgl. Kap. 1), und viele andere Beispiele aus unserer Mosaik-Geschichte, die zur ernsthaften Bekehrung von Flüchtlingen geführt hatten. Ich sprach von diesem besonderen Moment in der Geschichte; diesem reifen Erntefeld und dieser Chance, dass die ‚Monos' den ‚Multis' dienen und somit die „Vollzahl der Heiden" (Römer 11,25) ins Reich Gottes kommt. Dann fragte ich, ob sie bereit seien, sich dieser Bewegung in Europa anzuschließen, sich für die Flüchtlinge zu öffnen und sie in ihrer Mitte willkommen zu heißen.

Als ich fertig war, setzte ich mich einfach hin. Der Moderator spulte schon die Danksagungen ab, als ein Mann ihn unterbrach und rief: „Halt! Wir können doch jetzt nicht einfach so zum Ende kommen! Wir sind etwas gefragt worden und eine Antwort schuldig."

Ich konnte nicht sagen, ob das anschließende lebhafte Gemurmel im Saal Zustimmung bedeutete oder manche sauer waren, dass sich das Mittagessen nun noch weiter hinauszögern würde, als durch meinen langen Vortrag schon geschehen. Es stellte sich heraus, dass der Mann Ältester in der Gemeinde war, zu der die zehn Syrer gekommen waren, um herauszufinden, wer Jesus ist (vgl. Kap. 3). Er durfte fortfahren und fragte in das versammelte Publikum, wer dafür sei, die Gemeinden zu mono/multikulturellen Diensten der Einheimischen an den Migranten und Flüchtlingen zu machen. Viele Hände gingen in die Höhe. Dann bat er alle Älteste und Pastoren nach vorne. Gemeinsam standen wir zusammen, während er ein leidenschaftliches Gebet sprach:

> *Herr, wir haben deinen Ruf an unsere Gemeinden gehört. Du rufst uns dazu auf, mit dir zu den Flüchtlingen und Migranten zu gehen und unsere Herzen und Gemeinden für sie zu öffnen, weil du sie erretten und uns erneuern willst. Bitte vergib uns, dass wir die Fremden ignoriert haben, die du zu uns gesandt hast [an dieser Stelle kamen ihm die Tränen]. Vergib uns, dass wir nicht erkannt haben, dass du uns diese Menschen aus anderen Völkern geschickt hast, die nach Essen und Obdach fragen, damit wir ihnen von der Erlösung in Christus erzählen können. Gib uns Glaube, gib uns Mut und gib uns erneuerte Gemeinden, damit wir deinen großen Auftrag ausführen können. Amen.*

Wir waren alle am Weinen. Für mich war es, als ob der Heilige Geist die Gebete aus der Matthäuskirche auf die griechischen Pastoren und Ältesten übertragen hätte.

Sommer 2016, Melanchthongemeinde Darmstadt

Aber auch in Deutschland ging es weiter. Unser Mosaikkirchen-Netzwerk blühte weiter im Rhein-Main-Raum. Spannende Kontakte entstanden: In Aschaffenburg schloss sich eine kleine Gemeindegründung unter der Leitung eines ehemaligen Studenten von mir unserem Netzwerk an und in Frankfurt-Zeilsheim beschloss eine FeG-Gemeinde, sich von unserer Mosaikgemeinde in Frankfurt-Nordwest anleiten zu lassen (vgl. Tabelle in Kap. 2). Die Mosaikgemeinde in Oberursel nannte sich inzwischen *New Life Church* und beschloss, neues Leben in den Frankfurter Westen zu bringen, indem sie einen zweiten Standort mit Gottesdiensten direkt auf dem alten Unigelände aufbaute (Nr. 3 und Nr. 11).

„Was du als mono/multikulturelle Gemeinde bezeichnest, das passiert bei uns auch. Die erste Gemeinde wurde vor 40 Jahren von Aussiedlern gegründet. Inzwischen sind in der Gemeinde etwa 30 Nationen vertreten. Seit 10 Jahren bieten wir auch einen Gottesdienst in Farsi an. Inzwischen zählen wir zwischen 350 und 450 Besucher pro Gottesdienst und jeden Sonntag bekehren sich Iraner und Afghanen."

Jakob Görzen (Pastor der Evangelischen Freikirche Köln)

Mit enormem Tempo näherten wir uns unserem anvisierten Ziel von 2011, in der Metropolregion Frankfurt vom Westen (Wiesbaden, Offenbach, Oberursel) bis zum Osten (Aschaffenburg) und vom Norden (Gießen) bis zum Süden Gemeinden mit Mosaik-DNA zu gründen. Blieb noch Darmstadt im Süden. „Wenn wir eine Gemeinde in Darmstadt gegründet haben, gehe ich in Rente", hatte ich manchmal gewitzelt.

„Gestern haben wir einen jungen syrischen Christen in Darmstadt kennengelernt", sagte mein amerikanischer Freund, als er bei uns zum Essen war. „Wir haben ihn in einem Park getroffen und er hat uns erzählt, dass er in einer Kirche in der Stadt zu Jesus gefunden hat. Er erzählt es überall im Flüchtlingswohnheim."

Schon zwei Tage später konnten wir ihn treffen und auch für einen Kontakt zu einem Übersetzer hatte Gott auf wundersame Weise gesorgt. Eine Woche später kamen andere Syrer aus dem Flüchtlingswohnheim dazu. Es stellte sich heraus, dass sie sich mittwochs mit einer Frau trafen, die mit ihnen in der Bibel las. Gisela hatte den Al-Massira-Kurs kennengelernt und arbeitete mit den Videos, um Muslimen die Person Jesu im Alten Testament nahezubringen (vgl. Anhang). Zu unserem ersten persönlichen Treffen wollte sie unbedingt noch ihren Pfarrer mitbringen. Ich war eher skeptisch, da viele landeskirchliche Pastoren gegen „Mission" sind und den Absolutheitsanspruch Jesu ablehnen.

Doch dann kam alles anders: Holger Uhde, Pfarrer der Melanchthongemeinde in Darmstadt-Griesheim, war nicht nur warmherzig und zugänglich, sondern erklärte uns auch, dass er nichts mehr liebte, als Menschen zum Glauben an Jesus Christus zu führen. Und dass er noch nicht herausgefunden hätte, wie man diese vielen muslimischen Flüchtlinge in seine Gottesdienste integrieren könne, um sie zu ihrem Erlöser zu führen.

„Wie können wir Ihnen helfen?", fragte ich.

„Bringen Sie die Mosaikkirche in meine Gemeinde", antwortete er.

Selten in meinem Leben bin ich so überrascht gewesen. Was dies genau bedeuten würde, wussten wir beide noch nicht, aber Pastor Uhde war entschlossen, seine Gemeindearbeit mit der Mosaik-DNA zu impfen, damit sich seine Leute für die Migranten öffneten und die Gottesdienste und Angebote zum Brutkasten würden, in dem Menschen aller Nationen, Kulturen und Religionen ein neues Leben in Christus entwickeln können. Mosaik in einer Kirchengemeinde – das klang verrückt, doch wollten wir nicht von Anfang an eine Bewegung sein, die sich wie ein Nebel auf Gemeindegründer und etablierte Kirchen legte, anstatt eine neue Organisation zu bilden?

Es wurde noch verrückter: Das Melanchthon-Kernteam wurde immer größer. Pastoren aus einem Umkreis von 15 Kilometern wurden eingeladen, um eine Strategie für eine flächendeckende Zusammenarbeit der Kirchen zu entwickeln (vgl. Tabelle in Kap. 2). Die Flüchtlinge sollten aufgefangen werden in Al-Massira-Kursen, Neubekehrte unter ihnen in Jüngerschaftskursen und alle zusammen in mono/multikulturellen Gottesdiensten und Gemeinschaften. Momentan entstehen neue Hauskirchen und eine kleine Gemeindegründung.

Doch am verrücktesten wurde es, als ich Raza kennenlernte ...

November 2016, Frankfurt

Raza ist ein ehemaliger Imam aus Pakistan, der in Athen zum radikalen Missionar wurde und Christen verfolgte. Nachdem er in der griechischen Hauptstadt zwei Moscheen aufgebaut hatte, erschien Jesus ihm in einem Traum. Das stellte sein Leben völlig auf den Kopf. Seiner streng muslimischen Familie verkündete er, dass er nun dem Erlöser der Welt folgte. Als sie ihn fast getötet hatten, floh er nach Frankfurt. Im Flüchtlingswohnheim sprach er überall von seinem Glauben und wurde auch hier fast umgebracht. Aber dieser Ex-Saulus traf auch auf viele Christen und erzählte seine Geschichte in verschiedenen Gemeinden. So kannte ich seine Geschichte schon und konnte sie auf der Konferenz in Athen erzählen.

Als er ankündigte, dass Gott ihm aufgetragen habe, innerhalb eines Jahres 170 Gemeinden zu gründen, indem er Iraner und Afghanen als Mentor anleitete (deren Sprache Farsi er noch nicht einmal sprach), wurde klar, dass er Beistand gebrauchen konnte. Ich weiß nicht, ob ich ihn vor seiner Naivität beschützen wollte oder einfach dabei sein wollte, wenn Gott etwas menschlich Unmögliches tat. Jedenfalls boten wir unsere Hilfe an und besuchten ihn.

Nun saßen wir endlich zusammen. Als wir Razas Tabelle sahen, traf es mich wie der Blitz. Da war keine Spur von Naivität: Dieser Mann bildete bereits sechs andere aus, die ihrerseits schon jeweils 15 Menschen begleiteten. Unter den ersten sechs Standorten waren Gießen, Frankfurt, Mainz und Wiesbaden. Das war unsere Landkarte, wie wir sie im November 2010 im Gebet empfangen hatten!

Die Zusammenarbeit mit Raza wurde umso klarer, als er uns von seinem Ansatz für die Gemeinden erzählte: Aus den Gruppen sollten nicht einfach iranische Gemeinden werden, in denen die Landsleute unter sich blieben. Stattdessen sollten die iranischen Gründer ihrem Gastland etwas zurückgeben, indem sie so viel aus der deutschen Kultur in ihre Gemeinden integrierten, dass auch Deutsche hier ein Zuhause finden konnten. Es war umgekehrtes Mosaik! Keine sechs Jahre nach unserem Start mit den Studenten waren wir an einem Punkt angekommen, an dem unsere Vision Realität geworden war.

Januar 2017, Frankfurt

Aus dem Treffen in der Matthäuskirche hatte sich eine Initiative aus Pastoren und Missionsleitern gebildet, die den Gedanken der Mosaik-DNA in alle Gemeinden und Organisationen tragen wollte. Wir gaben ihr den Namen „MissionMosaik“: Es ging nicht mehr um unsere Mosaikkirche hier in Frankfurt-Rhein-Main, sondern das Mosaik-Prinzip der mono/multikulturellen Gemeinde. Das ist unsere gemeinsame Mission.

In den Monaten seit dem 3. Februar 2016 hatte sich ein Leitungskreis gebildet; viele Treffen und Gespräche waren gelaufen und wir hatten unser Mission Statement formuliert (vgl. Anhang). Zentrale Faktoren, die Sie nun schon von der Mosaik-DNA in der Mosaikkirche kennen, finden sich hier wieder: interkulturell, evangeliumszentriert, missional und multiplikativ. Unsere Website[17] war auf den Weg gebracht und konnte nun online gehen. Und das Beste: Nun hatten wir auch einen genuin deutschen Leiter. Wir waren uns einig, dass zur Mosaik-Mission gehört, dass die Initiative vor Ort von Einheimischen getragen wird – eben von den ‚Monos'.

Nun saßen wir im Leitungskreis zusammen an einem großen Tisch und Florian führte uns durch die vielen verbleibenden Fragen. Wie machen wir weiter? Wir wünschten uns eine breite Gebetsbewegung in Europa, dass Gott Menschen aus den Völkern der Welt, die in unsere Länder eingewandert sind, in Gemeinden führt, damit sie Jesus Christus kennenlernen. Wir sahen auch, dass es nicht nur darum geht, die monokulturellen einheimischen Gemeinden für die Fremden zu öffnen, sondern auch, die oft genauso monokulturellen Migrantengemeinden zu öffnen, damit sie aus ihrer ethnischen Fokussierung heraustreten und ebenfalls zu mono/multikulturellen Gemeinden werden, in denen sich auch Einheimische wohlfühlen und manche noch Gemeindedistanzierten auf andere Weise von Jesus angesprochen werden können, als es in unseren bisherigen Gemeinden möglich ist.

Einer unserer nächsten Schritte sollte eine europaweite Konferenz sein. Vom 6. bis 8. Juni würden in Berlin viele Pastoren und christliche Leiter zusammenkommen, um dieses Anliegen tiefer zu verstehen und dann in ihre Gemeinden, Organisationen und Regionen weiterzutragen. Unser Treffen verlief teilweise chaotisch; ich war müde und konnte gerade nur alles Schwierige sehen. Doch da kam Leben in Horst (Engelmann): „Was für eine großartige Gelegenheit! Mit dieser Konferenz in Berlin werden wir Deutschen unseren Kontinent segnen können: Wir laden Gemeinden aller Nationen dazu ein, mitzumachen und Kirche für andere zu werden. Lasst diese Konferenz zum Weckruf für die Kirche in Europa werden, ‚hinzugehen in alle Welt', indem wir *in unseren Gemeinden* Menschen aus allen Völkern ‚zu Jüngern machen'."

Ich saß ganz still auf meinem Stuhl und dachte daran zurück, wie wir vor einem Jahr ein Treffen für ein paar Pastoren in einer Kirche in Frankfurt geplant hatten. Nun war daraus eine breite Bewegung geworden, in der deutsche Pastoren dem ganzen Kontinent etwas mitzugeben hatten.

Der Ansatz einer mono/multikulturellen Gemeinde kann überall gelebt werden. Deshalb will ich Ihnen im zweiten Teil nun das Mono-Multi-Prinzip erklären (Kap. 6), das ernst macht mit Gottes Haltung zum Fremden (Kap. 5), und aufzeigen, was dies für Evangelisation (Kap. 7), Gottesdienst (Kap. 8), Gemeinde (Kap. 9) und Bekehrung/Taufe (Kap. 10) bedeutet.

TEIL 2

Was wir tun können: Die Mosaik-DNA

Kapitel 5

Gott und die Fremden

„Wenn ein Fremdling bei dir in eurem Land wohnen wird,
so sollt ihr ihn nicht bedrücken. Der Fremdling,
der sich bei euch aufhält, soll euch gelten,
als wäre er bei euch geboren,
und du sollst ihn lieben wie dich selbst; denn ihr seid auch
Fremdlinge gewesen im Land Ägypten.
Ich, der Herr, bin euer Gott.“

Gott (in 3. Mose 19,33-34)

Das Thema des Fremden zieht sich wie ein roter Faden durch die Bibel. Immer wieder spielt der Fremde in Gottes Heilsplan eine entscheidende Rolle: Abraham wird aus seiner Heimat herausgerufen, um als Fremder im verheißenen Land zu leben. Er trägt den Segen Gottes für alle Völker in sich: *„In dir sollen gesegnet werden alle Geschlechter auf Erden“* (1. Mose 12,3). Sein Glaube wurde zum Vorbild für den Glauben im Neuen Testament, der nicht aus der Zugehörigkeit zum Volk Israel lebt, sondern in der lebendigen Verbindung zu Gott. Mit seinem Urenkel Josef verschlug es seine Sippe erneut in die Fremde, diesmal nach Ägypten, wo sie zunächst wohlgelitten waren, doch später in Ungnade fielen und zu Arbeitssklaven gemacht wurden, die harte Fronarbeit leisten mussten. So lebte auch Mose als

Fremder in Ägypten, bevor er Israel aus der Sklaverei in die Freiheit führen konnte. Auch Ruth, die spätere Großmutter Davids, war eine „Fremde“ aus Moab, die durch die widrigen Umstände der Familie Elimelechs in die Familie einheiratete und dann mit ihrer Schwiegermutter nach Israel kam. Sie hatte keine Ahnung davon, dass Gott sie als Moabiterin gebrauchen würde, um die messianische Linie über König David bis hin zu Jesus weiterzutragen.

Die bittere Erfahrung des Exils konfrontierte Israel erneut mit dem Thema: Nach Jahrhunderten im eigenen Land (in mehr oder weniger ruhigen Zeiten, meist von Nachbarvölkern und fremden Mächten fremdbeherrscht) war man nun weit weg von der Heimat und erfuhr neu, was es bedeutete, als Fremder in der Fremde zu wohnen.

Jesus selbst war ein Fremder. Zwar war das Volk inzwischen in sein Land zurückgekehrt, doch er selbst musste es schon kurz nach seiner Geburt wieder verlassen, um dem kindermordenden König Herodes zu entgehen. In Ägypten lebte die kleine Familie wie das Volk der Israeliten zweitausend Jahre zuvor mitten in einer fremden Kultur und anderen Sprache. Doch seine Fremdheit geht noch weiter: Sein eigentliches Kommen als Gottes Sohn führte ihn aus der himmlischen Welt bei seinem Vater in unsere Welt auf der Erde. *„Er kam in seine Welt, aber die Menschen nahmen ihn nicht auf“* (Johannes 1,11, HFA). Er ging als Fremder ans Kreuz und starb für uns, die wir von Gott entfremdet waren, damit wir wieder zu seiner Familie gehören können. Sein Schrei *„Mein Gott, mein Gott, warum hast du mich verlassen?“* (Matthäus 27,46; Markus 15,34) entsprang der Verzweiflung über die Entfremdung vom Vater. Diesen schrecklichen Bruch erlitt er für unsere Sünden, die uns von Gott entfremdet hatten, damit wir wieder seine Söhne und Töchter werden konnten.

Als Christen sind wir nun ebenfalls *„Fremdlinge auf Erden“*, wie der Hebräerbrief es ausdrückt (11,13). Die ersten Christen in Jerusalem müssen ganz ähnlich wie ihr Herr schon ganz am Anfang die Stadt verlassen und werden in alle Richtungen zerstreut (Apostelgeschichte 8,1). Später schreibt Petrus seinen ersten Brief *„an die aus-*

erwählten Fremdlinge, die in der Zerstreuung leben", nämlich in den Regionen Kleinasiens (1. Petrus 1,1).

Fürsorge für die Fremden

Dieser Verlauf der Heilsgeschichte hilft uns zu verstehen, warum der Fremde für Gottes Volk immer wichtig war. Wie können wir den Fremden unter uns schlechter behandeln, die wir doch selbst von Gott als Fremde in seiner Gnade empfangen wurden? Auch Israel sollte aus der Erfahrung des Fremdseins lernen: Wie Gott dem Sklavenvolk gnädig gewesen war, so sollten sie barmherzig und fürsorglich mit den Fremden im eigenen Land umgehen. Das stellt Mose vor dem Einzug ins Gelobte Land klar, als die Zeit der Fremde zu Ende geht: *„Denn der Herr, euer Gott ... verhilft den Waisen und Witwen zu ihrem Recht; er liebt auch die Fremden, die bei euch leben, und versorgt sie mit Nahrung und Kleidung. Darum sollt auch ihr die Fremden lieben. Ihr habt ja selbst in Ägypten als Fremde gelebt"* (5. Mose 10,17-19, GNB).

Johannes Reimer erklärt uns in seinem wichtigen Buch *Multikultureller Gemeindebau*[18] das alttestamentliche Modell des Umgangs mit Fremden im Volk Israel. Ich finde es beeindruckend, dass es dem Fremden gestattet war, an seiner eigenen Religion festzuhalten, und er dennoch gleiche Rechte besaß und gleichberechtigt behandelt wurde. Er wurde offen zu den religiösen Festen Israels eingeladen, um die Wahrheit über den einen Gott zu hören, ohne den Glauben Israels annehmen zu müssen.

Sollten wir Christen heute als die „Fremdlinge Gottes", die von ihrem Herrn zur Nächstenliebe gerufen sind, den Fremden etwa weniger barmherzig begegnen? Jesus zeigt in seiner Endzeitrede sogar, dass er sich mit dem Fremden so sehr identifiziert, dass man letztlich ihm dient, wenn man sich um Fremde kümmert: *„Ich bin ein Fremder gewesen und ihr habt mich aufgenommen"* (Matthäus 25,35).[19]

Das universale Heil

In Jesus ist Gott nicht nur selbst als Fremder in die Welt gekommen, sondern ruft die ganze Welt zu sich. Das hatten schon die Propheten im Alten Testament verheißen. So sagt Jesaja z. B. voraus, dass *„zur letzten Zeit ... alle Heiden herzulaufen und viele Völker hingehen"* werden zum Hause Gottes (Jesaja 2,2-3). In der Lutherübersetzung stehen die „Heiden" für die „Nationen", die im Alten Testament stets den Gegensatz zum Volk Israel bilden. Ab Kapitel 42 (V. 1 und 6) beschreibt Jesaja den Knecht Gottes, der das Licht auch unter die Völker bringen wird: *„Es ist zu wenig, dass du mein Knecht bist, die Stämme Jakobs aufzurichten und die Zerstreuten Israels wiederzubringen, sondern ich habe dich auch zum Licht der Völker gemacht, dass mein Heil reiche bis an die Enden der Erde"* (49,6).

Jesus macht besonders im Lukasevangelium unmissverständlich klar, dass er der Messias für alle Menschen aus allen Nationen ist, und das Matthäusevangelium endet mit seinen Worten: *„Geht nun hin und macht alle Nationen zu Jüngern ..."* (28,19, ELB). An Pfingsten kommt dann der Heilige Geist auf seine Jünger, lässt sie in vielen Sprachen sprechen und macht so gottesfürchtige Menschen aus aller Welt, die sich gerade zum Fest in Jerusalem befinden, zu seinen Anhängern. Damit wird die Kirche international und breitet sich seitdem immer weiter über die Nationen aus.

In den Missionsbewegungen der letzten Jahrhunderte ist dieser Faden besonders weiterverfolgt worden, denn Jesus sagt in seiner Endzeitrede in Matthäus 24 auch: *„Es wird gepredigt werden dies Evangelium vom Reich in der ganzen Welt zum Zeugnis für alle Völker, und dann wird das Ende kommen"* (V. 14). Danach spricht er vom Kommen des Menschensohns und dass seine Engel *„seine Auserwählten sammeln ... von einem Ende des Himmels bis zum andern"* (V. 31). Paulus setzt diese Sendung an die Völker als Erster systematisch um. Im Römerbrief schreibt er, dass *„die volle Zahl der Heiden hinzukommen"* wird (11,25), und im Epheserbrief beschreibt er die

Einheit zwischen Juden(christen) und Heiden(christen), die jede alte Trennung zwischen den Völkern überwindet (2,13-14): *„Jetzt aber in Christus Jesus seid ihr, die ihr einst fern wart, nahe geworden durch das Blut Christi. Denn er ist unser Friede, der aus beiden eins gemacht hat und hat den Zaun abgebrochen, der dazwischen war.“* In der Offenbarung sehen wir schließlich im himmlischen Lobpreis Menschen aus allen Stämmen, Sprachen und Völkern (5,9). Die Schar der Erlösten besteht nun *„aus allen Nationen und Stämmen und Völkern und Sprachen“* (7,9): Die Nationen sind tatsächlich vor dem Thron Gottes angekommen.

Gottes Handeln mit der Welt war schon immer eine Geschichte mit dem Fremden und seit Jesu Kommen ist es sein größter Wunsch, seine Kirche so international zu machen, dass alle Völker zu ihm kommen können.

Abschied vom Prinzip der homogenen Einheit

Doch was bedeutet dies für die einzelnen Gemeinden? Soll sich jede Gemeinde um eine Nationalität herum sammeln? Lange galt in christlichen Kreisen das Prinzip der „homogenen Einheit“ als normal und erstrebenswert, das der Missionswissenschaftler Donald McGavran in den Sechzigerjahren des letzten Jahrhunderts aufgestellt hatte. McGavran war von 1937 bis 1954 Missionar in Indien. Danach wurde er Professor für Missiologie am *Fuller Theological Seminary* in Kalifornien und entwickelte großen Einfluss auf das missionarische Denken und die Kultur der Gemeinden.

McGavran beschrieb kulturelle Gruppen als Mosaiksteine. Jeder Mosaikstein hat seine eigene Weltanschauung und Lebensweise. Die Menschen eines solchen Mosaiksteines werden sich nicht in einen anderen Mosaikstein hineinbegeben, um das Evangelium von Jesus zu hören. Der Mensch bleibt in seinem Mosaiksteinchen und ist dann offen für das Evangelium, wenn er dafür keine Sprach-, Klassen- oder

Rassengrenzen überwinden muss. Das bezeichnete McGavran als das Prinzip der „homogenen Einheit".

Damit wollte er Missionaren bewusst machen, dass sie sich mit ihrem Eintritt in eine neue Kultur in eine Welt hineinbegeben, in der Menschen anders denken, handeln und Dinge wahrnehmen, als sie es von ihrem Heimatland her gewohnt sind. Als Missionare könnten sie das Evangelium nur wirkungsvoll über Kulturgrenzen hinweg verkünden, wenn sie sich auf die Kultur der Menschen einließen, die sie erreichen wollten.

Wenn ein Missionar, Gemeindegründer oder Pastor in einer interkulturellen Situation auf seiner persönlichen kulturellen Ausdrucksform besteht (wie etwa christliche Lieder aus seinem Heimatland, ein bestimmter Gottesdienststil oder bestimmte Gepflogenheiten für Essen und Trinken), bringt dies eine Art evangelistischen Imperialismus mit sich, der sehr unangenehm und hinderlich sein kann. Menschen werden sich nicht in eine andere Subkultur hineinbegeben, um das Evangelium zu hören. Das Wir-Gefühl eines Mosaiksteinchens ist zu stark, als dass sich jemand in einem anderen Mosaikstein zu Hause fühlen kann, deshalb sollten kreative Gemeinden in jedem Milieu gebaut werden.

McGavran wollte für interkulturelle Kommunikation sensibilisieren. Als er das Prinzip der homogenen Einheit formulierte, stimmte es, dass Menschen am besten innerhalb ihrer eigenen Kultur, Sprache und Nation erreicht wurden. Doch die vorurbane Phase neigte sich schon ihrem Ende zu. Die Welt veränderte sich: Seit den Fünfzigerjahren entwickelten sich in den Städten in rasantem Tempo immer neue urbane Subkulturen. Die neue Ära der Urbanisierung (Verstädterung) hat die Welt radikal verändert. Heute leben eine Vielzahl von Kulturen nebeneinander in direkter Nachbarschaft. Mehr und mehr kaufen die Menschen aus vielen unterschiedlichen Kulturen und Subkulturen in den gleichen Läden ein, arbeiten in den gleichen Firmen und gehen zu den gleichen Veranstaltungen. Die interkulturelle Ehe wurde mit jeder neuen Generation normaler, ebenso kulturübergreifende Schulen, Freundschaften und Partys.

„Das Prinzip der homogenen Einheit diente in der jüngeren Missionsgeschichte dazu, sich kreativ missionarisch auf Menschen einer bestimmten Volksgruppe einzustellen. Als ekklesiologische Grundaussage über die Gemeinde Jesu Christi war es nicht so gut geeignet, denn die Kirche umfasst von ihrem Wesen her Juden wie Heiden, Arme wie Reiche, Männer wie Frauen (vgl. Gal 3,28). Daher kann eine monokulturelle, homogene Gemeinde kein erstrebenswerter Endzustand sein. Sie ist bestenfalls dazu geeignet, für eine Übergangszeit Menschen aus einer bestimmten Kultur zu erreichen. Um wahrhaftig Gemeinde nach dem Neuen Testament zu sein, muss sie sich nach einiger Zeit auch für andere Kulturen öffnen."

Horst Engelmann, Missionsleiter (Forum Wiedenest)

Wir hatten uns schon so sehr an die homogenen Einheiten gewöhnt, dass uns gar nicht auffiel, dass unsere Städte schon gar nicht mehr so homogen waren wie zu der Zeit, als McGavran dieses Prinzip ursprünglich aufgestellt hatte. So reagierten Kirchen und Gemeinden (auch in Europa) kaum auf die Globalisierung und die damit einhergehende Veränderung unserer Städte und hielten an ihren monokulturellen Gemeinden fest.

Doch nun geschieht auch unter den Christen etwas Neues: Die gegenwärtige Invasion von Flüchtlingen und Migranten scheint jede Gemeinde in eine „heterogene Einheit" zu verwandeln. Völlig verschiedene Mosaiksteinchen kommen zueinander und entdecken, dass sie einander anziehen.

Diese gegenseitige Anziehungskraft wirkt auch auf Außenstehende faszinierend. So sagte mir Dieter, ein Nichtchrist, der zum ersten Mal in einem unserer Gottesdienste gewesen war: „So etwas hatte ich von Kirche nicht erwartet! Die ganzen Leute hier aus so vielen verschiedenen Nationen und Sprachen, die alle miteinander reden, das war richtig gut. So eine Gemeinschaft habe ich noch nie erlebt. Ich glaube, ich komme nächsten Sonntag wieder."

Wirft Gott gerade das Prinzip der homogenen Einheit über den Haufen? Einiges spricht dafür. Diese neue Phase der massiven Einwanderung öffnet die Tür für die Einheit der heterogenen Versammlung. Menschen vieler unterschiedlicher Kulturen kommen in Harmonie zusammen. McGavran selbst hat seine Theorie schon 1972 auf einer Konferenz infrage gestellt. Ich glaube, dass es an der Zeit ist, von der Homogenität abzurücken und unsere Gemeinden für die Nationen zu öffnen.[20] Gott liebt das Fremde! Er wurde selbst zum Fremden für uns, damit wir das Fremde zu ihm führen.

Gott liebt das Fremde! Er wurde selbst zum Fremden für uns, damit wir das Fremde zu ihm führen.

Kapitel 6

Das Mono/Multi-Prinzip

„Wenn die Kirche sich nicht mit den Randgruppen identifiziert, wird sie selbst zur Randgruppe. Das ist Gottes ausgleichende Gerechtigkeit."

Timothy Keller[21]

Die Flüchtlingswelle ist da. Überall strömen Einwanderer und Flüchtlinge in unsere Kirchen und Gemeinden; in Großstädten wie kleinen Dörfern, Landeskirchen und Freikirchen, liturgisch geprägten Kirchen genauso wie in Gemeinden mit freierem Gottesdienstverständnis. Gott wirkt auf einzigartige Weise und die Vision von Bonhoeffers „Kirche für andere" nimmt auf diese Weise zurzeit tatsächlich Gestalt an.

Die Welle begann im Jahr 2011 auf Europa zuzurollen. Von 2012 bis 2014 nahm sie stetig zu und schwappte schon vor manche Türschwelle. 2015 erreichte diese Welle die Ausmaße eines Tsunamis: Bahnhöfe, Supermärkte, Hotels und Schulen wurden mit Flüchtlingen belegt und oft überfüllt. Für viele von uns waren es nur obdachlose Fremde, die in unseren Status quo eindrangen, doch in Wahrheit waren es verzweifelte Menschen auf der Suche nach Freiheit, Sicherheit und einem Sinn in ihrem Leben.

Tsunamis reißen alles mit sich, was sich ihnen in den Weg stellt.

Diese Riesenwelle macht da keine Ausnahme. Wenn wir uns für das öffnen, was Gott durch die Flüchtlinge unter den Völkern tut, werden wir erleben, wie diese Flut die Kirche, wie wir sie bisher kannten, mit sich reißt. Nehmen wir die Veränderungen wahr: Die Zeit der monokulturellen Gemeinde ist vorbei. Es wird zunehmend normal werden, dass eine Gemeinde sich aus unterschiedlichen Kulturen zusammensetzt. Wie ein Mosaik aus verschiedenen Steinen in vielen Farben. Dieses Mosaik spiegelt nicht nur unsere globalisierte Gesellschaft wieder, sondern auch Gottes Vorstellung von Gemeinde bis zum zweiten Kommen Jesu.

Wie kann dieses Mosaik aussehen? Was verbirgt sich hinter der mono/multikulturellen Gemeinde?

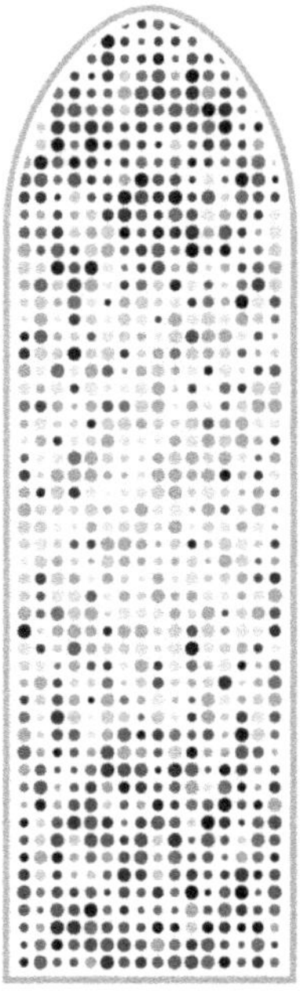

Das Mosaikfenster – in bunt auf der Klappe des Umschlags.

Die Grundfarbe der Mosaikkirche: die Basiskultur *(mono)*

In einer Gemeinde leben viele verschiedene Kulturen: unterschiedliche Nationalitäten, Kulturen und Subkulturen, jede mit ihrer eigenen Sprache. In der Grafik auf dem Buchumschlag/Lesezeichen werden diese „Multikulturen" mit unterschiedlichen Farben dargestellt wie Rot, Braun, Gelb, Orange und Grün. Andererseits gibt es die Basiskultur einer Gemeinde, welche die Sprache und Atmosphäre bestimmt und den Stil und die wichtigsten kulturellen Verhaltensmuster in der Gemeinde prägt. In unserem Mosaikfenster wird diese Basiskultur in unterschiedlichen Blautönen dargestellt.

Die Basiskultur kann zum einen die der jeweiligen Einheimischen sein (wie z. B. deutsch in Deutschland, holländisch in den Niederlanden, französisch in Frankreich etc.), zum anderen eine ethnisch definierte Gemeinschaft in einem anderen Land, z. B. eine koreanische Gemeinde in Deutschland, Indonesier in Holland oder Jamaikaner in Frankreich.

In beiden Fällen behält die Gemeinde ihre Identität und die besonders prägenden Merkmale der Basiskultur. Doch in einer mono/multikulturellen Gemeinde kommt dazu das Zusammenspiel mit anderen Kulturen. Wie kann dies aussehen?

- Die Kultur der Gründer (Einheimische oder Menschen einer ethnisch definierten Gruppe) ist immer der bestimmende Faktor für die Basiskultur einer Gemeinde. Die Deutschen lieben es z. B., alles ordentlich, organisiert und klar definiert zu haben. Sie glauben an Effizienz, Gründlichkeit und Pünktlichkeit. Davon können andere Kulturen profitieren. Wenn sich Migranten in die deutsche Gesellschaft integrieren, hilft die deutsche Gemeinde mit ihrer Basiskultur, sich diesen grundlegenden Eigenschaften des Gastgeberlandes anzupassen.
- Wer die Basiskultur einer Gemeinde prägt, trägt die Verantwortung

dafür, Brücken von der gastgebenden Kultur zu anderen Kulturen zu bauen. Die grundlegende Basiskultur einer Gemeinde wird also den Gastkulturen die Sprache und Kultur des Gastgeberlandes näherbringen.

- Ist die Basiskultur einer Gemeinde nicht die einheimische, sollte sie im Gottesdienst so bald wie möglich von der eigenen Sprache in die des Gastgeberlandes wechseln. Dies passiert zu Beginn vielleicht mit zweisprachigen Gottesdiensten, wobei auch hier schon die Sprache des Gastgeberlandes im Mittelpunkt stehen sollte. Nur so werden sich auch Einheimische in dieser Gemeinschaft willkommen fühlen. Außerdem löst sich damit die Spannung, unter der jede besondere ethnische Gemeinschaft steht: die Spannung zwischen der ersten Generation, für die alles im Gastland neu ist, und ihrer Kinder, die mit der Sprache und Kultur des Gastlandes bereits aufgewachsen sind.

„In Deutschland müssen wir internationale Familie Gottes deutschsprachig leben."
Achim Eichhorn (Pastor für „Internationale Gruppen und Gemeinden" im Gospel Forum Stuttgart)

Die bunten Steine der Mosaikkirche: die anderen Kulturen *(multi)*

Die Mosaikkirche ist kein Aufruf zu Multikulti. Die mono/multikulturelle Kirche wird nicht alle Kulturen in einem Schmelztiegel vermischen. Die verschiedenen Farben im Mosaik fließen nicht ineinander, sondern bleiben abgegrenzt in den Mosaiksteinchen. In einer monokulturellen Gemeinde sind alle anderen Kulturen aufgerufen, sich ohne ihre entsprechenden kulturellen Eigenheiten in die Gemeinde zu integrieren. In der mono/multikulturellen Gemeinde werden gerade die kulturellen Unterschiede in der Gemeinde respektiert und Seite an Seite mit der Basiskultur in das Gemeindeleben integriert.

Jede Kultur spiegelt auf ihre eigene Weise gleichzeitig die Sündhaftigkeit des Menschen und die Herrlichkeit Gottes wider. Die Kirche hat nun die Aufgabe, die Elemente jeder Kultur hervorzuheben, in denen die Wahrheit, Kreativität, Gnade und Schönheit Gottes sichtbar werden.

Dies mündet dann in eine konkrete, gelebte Gemeindekultur:

- Die Basiskultur zeigt Respekt und Dankbarkeit gegenüber den Schätzen anderer Kulturen, wenn sie diese kulturellen Unterschiede als Ausdruck unseres wunderschönen und vielseitigen Gottes der Nationen anerkennt. Ein Beispiel: Ich bin in Deutschland und Österreich aufgewachsen. Nach vielen Jahren in den Vereinigten Staaten und Kanada hatte ich vergessen, wie grau und farblos sich die Menschen hierzulande anziehen. Mit 50 Jahren kehrte ich nach Deutschland zurück und war schockiert über die Tristesse in der Kleidung – fast nur schwarz und braun, wie langweilig! So freue ich mich immer, wenn Diana in ihrem afrikanischen Kleid in unseren Gottesdienst kommt, das so hell und majestätisch ist. Die Grundfarbe ist gelb; viele andere Farben schmücken ihr Kleid am Hals, den Handgelenken und der Hüfte. Ich nenne sie scherzhaft „die afrikanische Königin“, weil mich ihr schönes Kleid jedes Mal an den König aller Könige in seiner Pracht und Herrlichkeit erinnert.
- Fremde Kulturen können die Heimatkultur dadurch segnen, dass sie diese ergänzen. Die meisten Menschen werden bestätigen, dass Deutsche, Holländer und Engländer in Sachen Emotionen im Vergleich zu anderen Kulturen ziemlich stoisch sind. Fußballspiele bilden die Ausnahme, aber selbst dabei brauchen die Fans oft erst ein paar Bier, um in Fahrt zu kommen. Woher kommt dieser so wenig ausgeprägte emotionale Ausdruck? Manche Kulturen legen großen Wert auf die kognitive Seite des Menschen, das rationale, wissenschaftliche, durchdachte Denken und Handeln. Damit gehen meist

aber auch ziemlich starre Regeln zu Eigentum, Anstand und Höflichkeit einher. Bringt man solche Menschen in einem Gottesdienst zusammen, erlebt man eine steife Kiste, in der emotionaler und körperlicher Ausdruck durch die kulturellen Gepflogenheiten des jeweiligen Landes in Schach gehalten werden. Hier können unsere stoischen, zurückhaltende Kulturen dankbar werden für extrovertiertere Kulturen, die mehr aus sich herausgehen. Es bewegt mich immer, wenn ich in unseren deutschen Gottesdiensten erlebe, wie Latinos auf ihre Knie fallen und weinen, weil sie durch die Zeilen eines Anbetungsliedes von der Liebe Gottes berührt sind. Oder wenn Afrikaner ihre Hände im Lobpreis erheben oder ein Bruder aus Indien laut und leidenschaftlich um Gottes Gnade für die flüchtenden Syrer betet. Doch am tiefsten bin ich bewegt, wenn ich erlebe, wie Deutsche in der Anbetung Gottes ein Gefühl von Freiheit empfinden und sich mit ihrem Körper ausdrücken – nicht weil ich etwa selbst aus einer solchen Freiheit kommen würde, sondern weil ich miterleben darf, wie fremde Kulturen einer einheimischen Gottesdienstkultur helfen, Gott mit Leib, Seele und Geist anzubeten. Menschen aus fremden Kulturen sollen ihre Gewohnheiten in einen Gottesdienst einbringen – nicht nur um ihrer selbst willen, sondern weil es auch die Ausdrucksformen der Einheimischen bereichert.

- Die Basiskultur sucht Wege und Möglichkeiten, diejenigen Elemente anderer Kulturen hervorzuheben, die Gottes Reichtum widerspiegeln. Offenbarung 21,24-26 malt uns ein Bild, wie die Könige dieser Erde die Schätze ihrer Kultur in den neuen Himmel und die neue Erde einbringen werden. Als ein Prolog zum Himmel macht es heute die Kirche auf der Erde vor: die Gemeinde als Versammlung von Menschen aller Nationen mit den Schätzen ihrer Kulturen. Die Basiskultur fördert ganz bewusst die besonderen Musikstile, Essensgewohnheiten und Kleidermoden der Migrationskulturen. So zeigt sich die Gemeinde von ihrer besten Seite und lobt Gott als die Quelle aller Schönheit. Ihre Wertschätzung der Kulturen mündet in die Wertschätzung und Anbetung Gottes.

- Wenn die Basiskultur einer Gemeinde ihre Gastkulturen in die nationale Kultur integriert, können sich Migranten und Flüchtlinge in die Gesellschaft einbringen, die jetzt ihr neues Zuhause geworden ist. Frisch Gestrandete lernen in der Gemeinde, sich in der neuen Gesellschaft einzuleben, und können im Gegenzug wieder andere unterstützen, selbst anzukommen und sich zu integrieren. Praktisch kann das so aussehen, dass der Sprachkurs, den eine Gemeinde Flüchtlingen anbietet, sie befähigt, die neu gelernte Sprache zwei Jahre später ihrerseits neuen Flüchtlingen beizubringen. Migranten und Flüchtlinge, die bei ihrer Ankunft von der Gemeinde Hilfe bekommen haben, können sich ein paar Jahre später selbst im Diakonieteam engagieren, um den Neuankömmlingen zu helfen. Vielleicht entwickeln Flüchtlinge selbst Ideen, die zum Wohl ihrer neuen Heimat beitragen, z. B. in der Kinder- und Jugendarbeit in sozialen Brennpunkten, im Besuchsdienst von Seniorenheimen oder als Ehrenamtliche in sozialen Organisationen, die sich für gesellschaftliche Randgruppen, Einsame oder Kranke einsetzen. Natürlich dienen die Einwanderer ihrer neuen Heimatgesellschaft auch, indem sie Arbeit suchen und durch ihre Steuern zum Gemeinwohl beitragen (und in der Gemeinde spenden).
- Wenn eine mono/multikulturelle Gemeinde auf Wachstum und geistliche Reife ihrer Mitglieder setzt, wird sie auch Menschen aus anderen Kulturen in Leitungsaufgaben hineinführen. Natürlich soll niemand nur deswegen in Leitung eingesetzt werden, weil er allgemein beliebt ist oder gewisse Leitungspositionen gerade offenstehen. Deshalb sollten wir auch niemals unserem „Vorzeigeausländer“ eine Führungsposition geben, nur um ein Zeichen zu setzen oder einen guten Eindruck zu machen. Der biblische Maßstab für Leitung ist immer die persönliche Kompetenz, die geistliche Reife und der von Gott geprägte Charakter.[22] Eine mono/multikulturelle Gemeinde wird Menschen aus allen Ländern in ihre Leitungskreise wählen, damit die verschiedenen Gruppen und kulturellen Sichtweisen in der Leitung vertreten sind. Gott liebt es,

Leitungsteams durch die Schönheit unterschiedlicher Sichtweisen zu bereichern.

Die Rückwirkung anderer Kulturen auf die Basiskultur

Die wenigen Jahre Erfahrung, die wir nun mit der Mosaik-DNA machen durften, haben uns gezeigt, dass das Gute auch wieder auf einen zurückkommt. Öffnen Menschen ihr Herz, ihr Haus und ihre Gemeinde für andere Nationalitäten und dienen ihnen mit dem Evangelium und Werken der Liebe, dann kehrt dieser Segen wie ein guter Bumerang wieder zu ihnen zurück.

Die geistliche Rückwirkung der Aufnahme von Flüchtlingen auf unsere Gemeinden ist enorm. Machen wir uns unseren Status quo bewusst, mit dem wir hier in Europa schon so lange gelebt haben. Vieles in Gemeinden läuft nach Schema F. Christsein ist in Europa oft seicht geworden: Man muss nur dem Druck der säkularen Welt und gewisser politischer Bewegungen nachgeben, ein paar Bibelverse über Familie und Sexualität überlesen und sich zurückhalten, wenn es um seinen persönlichen Glauben an Jesus geht, und schon kommt man mit seinem persönlichen Umfeld gut klar. Viele haben sich derart angepasst und christliche Wertmaßstäbe ins Private verdrängt, dass ihre Ohren taub geworden sind für die Stimme Jesu. Was er in Offenbarung 3,15-16 sagt, klingt heute ziemlich aktuell: *„Ich kenne deine Werke, dass du weder kalt noch warm bist. Ach dass du kalt oder warm wärest! Weil du aber lau bist und weder warm noch kalt, werde ich dich ausspeien aus meinem Munde.“* Manche, die sich für Christen halten, sind es wahrscheinlich gar nicht (Matthäus 7,21; 10,33).

Wenn Muslime, Hindus und Atheisten in unsere lauwarmen Gemeinden hineinplatzen, ist das wie eine Ozeanwelle, die sich erst langsam und unbemerkt nähert und dann plötzlich mit lautem Knall an den Felsen unserer Gemeinden bricht. Sie entscheiden sich für Jesus, werden getauft und bekennen mit ihrem Taufversprechen, Jesus nachzufolgen, auch wenn sie das ihr Leben kostet. Für sie ist Christsein eine zutiefst radikale Entscheidung. Vielen von ihnen wurde schon in den Flüchtlingsheimen mit dem Tod gedroht, wenn Mitbewohner sie beobachteten. Die Taufe ist für sie die Unterzeichnung ihres eigenen Todesurteils. Aber sie sind bereit dazu, weil sie wissen, das anschließend ein neues Leben auf sie wartet. Diese neuen Gläubigen zeigen uns europäischen Christen, dass Nachfolge nichts mit Lauheit und Bequemlichkeit zu tun hat.

Wenn Jesus nicht Herr über alles ist, auch über unsere Karriere, Freizeit und Sexualität, ist er überhaupt nicht Herr. Die radikalen Bekehrungen, die eine radikale Hingabe an Jesus und seine Lehren nach sich ziehen, sind ein Weckruf an die Christen in Europa. Der zweite Afghane, den ich taufte, stürzte sich vor Freude nach dem Auftauchen gleich wieder ins Wasser, obwohl er wusste, dass diese Taufe seinen Tod bedeuten könnte. Solche Freude und Hingabe sind ansteckend. Am Beispiel der Migranten erkennen wir, dass Nachfolge Jesu eine hohe und teure Berufung ist und furchtloses Bekennen zu Jesus unser normaler Weg als Christen. Gemeinsam können wir in unseren Gemeinden sehr viel gewinnen und einen Weg aus dem alten Trott finden.

Die Einheit in der Vielfalt

Wenn wir in dieser Vielfalt Einheit leben wollen, müssen wir uns das eigentliche Prinzip hinter dem „Prinzip der homogenen Einheit“ von McGavran (vgl. Kap. 5) anschauen: Eine wirkungsvolle kulturübergreifende Vermittlung des Evangeliums ist nur möglich, wenn wir uns von den Teilen kultureller Praxis lösen, die den Fluss des Evangeliums in das Herz eines anderen Menschen behindern. Dieses „Prinzip hinter dem Prinzip“ kommt aus der Bibel: „Ich bin allen alles geworden, damit ich auf alle Weise etliche rette“ (1. Korinther 9,22). Man kann natürlich in einem Gottesdienst mit fünfzig verschiedenen Kulturen nicht jedem Einzelnen das Gefühl geben, in seiner Heimatkultur zu schwimmen. Aber wir können die Basiskultur bestimmen und uns bewusst machen, welche anderen Kulturen eine vorrangige Rolle in unserem Umfeld spielen. Dann können wir lernen, wie wir auf diese Kulturen Rücksicht nehmen wollen (z. B. indem wir bei Anwesenheit von Muslimen keine Bibel auf den Boden legen, vgl. Kap. 8), und gemeinsame kulturelle Richtlinien für unser Zusammenleben in der globalisierten Welt erarbeiten, die auch in unsere Gemeinde Einzug gehalten hat.

Um als heterogene Versammlung zu einer Einheit zu werden, ist jeder gefordert.[23] Zum einen brauchen wir Demut in Sachen Kultur, d. h. andere zu schätzen und zu achten und die Teile ihrer Kultur und Persönlichkeit zu erkennen, die uns bereichern können. Wir müssen uns Zeit nehmen, um die Geschichte dieser Menschen zu erfahren, und bereit sein, etwas zu lernen von ihrer Art zu denken und zu handeln. Zum anderen brauchen wir kulturelle Sensibilität, d. h. echtes Interesse an dem, was im Herzen des anderen wirklich vor sich geht, und Empathie, also die Bereitschaft, seine Freuden und Leiden zu teilen.

Eine wirkungsvolle kulturübergreifende Vermittlung des Evangeliums ist nur möglich, wenn wir uns von den Teilen kultureller Praxis lösen, die den Fluss des Evangeliums in das Herz eines anderen Menschen behindern.

Diese Demut und Sensibilität kann man nur in einer Gemeinschaft von solch unterschiedlichen Kulturen lernen. Lebt man in einer Gemeinschaft, in der alle anderen so sind wie man selbst, braucht man keine interkulturelle Demut und Sensibilität, um miteinander klarzukommen. In einer multikulturellen Situation ist man plötzlich herausgefordert, die Käseglocke abzunehmen und seine Komfortzone zu verlassen. Wenn man diese Demut und Sensibilität im Miteinander mit den Menschen lernt, die alle so sehr anders sind als man selbst, erlebt man inneres geistliches Wachstum. Das Gleiche gilt natürlich auch für die Gastkulturen: Würden alle Iraner, die in unseren Gottesdiensten sitzen, in einer eigenen Versammlung zusammenkommen, könnten und müssten auch sie keine kulturelle Demut und Sensibilität lernen, besonders nicht gegenüber der Kultur ihres Gastlandes.

Deshalb schafft eine mono/multikulturelle Gemeinde die besten Rahmenbedingungen, um durch einfache gemeinschaftliche Interaktion beständig geistlich reifer zu werden. Sie hält insofern am Prinzip der („homogenen“) Einheit fest, als dass sie diese nun auf dem Evangelium von Jesus Christus aufbaut und nicht mehr auf einem gemeinsamen kulturellen Hintergrund. Das Evangelium ist die Macht der Liebe Gottes zu uns Menschen. Diese Liebe ergreift die Seele, steckt an und verwandelt Menschen, die wissen, dass Gott sie geliebt hat, als sie noch Sünder waren, in Menschen, die andere auch dann lieben, wenn sie ihnen fremd sind.

Eine mono/multikulturelle Gemeinde schafft die besten Rahmenbedingungen, um im Miteinander beständig geistlich zu wachsen.

Genau diese Liebe spürte Dieter, als er mir erzählte, dass er noch nie eine solche Versammlung erlebt habe, in der man trotz all der Unterschiedlichkeit in solcher Harmonie miteinander umging (s. o.). Das Evangelium von Jesus Christus, der für Männer, Frauen und Kinder jeder Kultur, Subkultur und Subsubkultur ans Kreuz gegangen ist, wirkt wie ein Magnet auf die Seele. Diese kraftvolle Einheit zieht Menschen aller Nationen in monokulturellen Gemeinden an und verwandelt sie in mono/multikulturelle Gemeinden.

Jetzt ist die Zeit!

Wenn wir diese Mission auf dem Herzen haben, dann haben wir keine Zeit zu verlieren. Wir können nicht jede Eventualität durchdenken, denn die Zeit arbeitet gegen uns:

- Menschen, die ihren Fuß in eine Gemeinde setzen, brauchen schon in den ersten Wochen bedeutsame Begegnungen, um zu bleiben und integriert zu werden. Sonst bleiben sie bald wieder weg und werden sich entweder einer anderen Gemeinde anschließen oder (wahrscheinlich!) Gemeinde vollkommen aufgeben. Genauso erleben wir es mit den Flüchtlingen: Machen sie diese guten, tiefen Erfahrungen nicht innerhalb der ersten paar Wochen, ist die Chance vorbei.[24]
- Manche sagen, dass Migranten in einem neuen Land etwa zwölf Monate lang offen für Neues sind. Das gilt auch für den christlichen Glauben. Danach richten sie sich in ihrem neuen Lebensrahmen ein und haben weniger das Bedürfnis, sich ihrem neuen Umfeld zu öffnen. Dies macht die missionarische Dringlichkeit für unsere Gemeinden deutlich. Unabhängig davon, wie viele oder wenige Flüchtlinge in unser Land gekommen sind oder noch kommen werden: Jetzt ist die Zeit, sie zu erreichen.

Die Flüchtlingswelle ist zurzeit *das* reife Erntefeld. Wenn wir jetzt die Hände in den Schoß legen und nichts tun, werden wir zweifach schuldig: Wir schließen die Tür, durch die Menschen mit dem Evangelium erreicht werden könnten, die in ihrem Heimatland keine Chance dazu hatten, und berauben uns gleichzeitig der Erneuerung, die ihre Errettung unserem Land und unserer Kirche bringen kann.

Wenn wir jetzt den Wandel von monokultureller zu mono/multikultureller Gemeinde schaffen, wird dies die Kirche in Europa tief greifend reformieren. Seien wir bereit, jetzt zu handeln und in Demut und Glauben Schritte zu gehen. Wagen wir es, auch wenn wir noch nicht alles bis ins Letzte durchdacht haben. Wie die nächsten Schritte auf diesem Weg aussehen können, schauen wir uns in den folgenden Kapiteln genauer an.

Kapitel 7

Erste Schritte zu Flüchtlingen und Migranten

*„Wenn Gott dir viel Gutes gegeben hat,
dann zieh deinen Tisch aus und lade andere ein,
anstatt die Mauer höherzuziehen,
die andere ausschließt."*

Anonym

„Du sollst deinen Nächsten lieben wie dich selbst" – Das nennt Jesus in Matthäus 22,37 als das zweitwichtigste Gebot, das ganz natürlich aus dem ersten Gebot folgt: *„Du sollst den Herrn, deinen Gott, lieben von ganzem Herzen, von ganzer Seele und von ganzem Gemüt"*. Und das aus gutem Grund: So ist Jesus selbst und so handelt er auch. Er, in dem die Gottheit wohnt, liebte den Vater *„von ganzem Herzen, von ganzer Seele und von ganzem Gemüt"*. Aus dieser Liebe zum Vater wurde er ganz gehorsam und kam in die Welt, damit wir seine „Nächsten" würden.

Wenn wir durch den Geist Gottes eine lebendige Beziehung mit Jesus eingegangen sind, fangen wir an, wie er zu handeln, denn wir sind nun „in Christus". Unsere leidenschaftliche Liebe zu Jesus (das erste Gebot) treibt uns hinaus in die Welt zu den Menschen in Not, wie auch Jesus die Liebe zum Vater in unsere bedürftige Welt getrieben hat. Als Jesus dann gefragt wird, wer denn unser „Nächster" ist, antwortet er mit der Geschichte des barmherzigen Samariters (Lukas 10,25-37). In ihm werden auch wir zum „barmherzigen Samariter", der den Verwundeten nicht links liegen lässt, sondern sich auf eigene Kosten um ihn kümmert.

Dieser Auftrag der Liebe ist von seinem Wesen her übernatürlich. Der Auftrag Jesu an die ersten Jünger, zu Menschenfischern zu werden, war keine Stufe auf der geistlichen Erfolgsleiter, die sie erklimmen mussten. Jesus *macht* uns zu Menschenfischern; *er* handelt in jedem seiner Nachfolger, indem er uns die Augen für unsere „Nächsten" öffnet und uns durch seinen Heiligen Geist zu Dingen bewegt, die wir selbst nicht tun könnten (Apostelgeschichte 1,8). Der Geist spricht durch uns, wenn wir nicht wissen, was wir sagen sollen (Matthäus 10,19), und gibt manchmal konkrete Anweisungen, was wir tun sollen (Apostelgeschichte 8,26-40), auch in Träumen und Visionen (z. B. Apostelgeschichte 10,11-16; 18,6). *Er* wird uns mit allem versorgen, was wir brauchen, um seinen Willen umzusetzen. Glaube bedeutet, nicht auf Grundlage unserer eigenen Möglichkeiten zu handeln, sondern auf der Grundlage unseres Glaubens an Gottes Möglichkeiten. Wenn es darum geht, was wir sagen sollen oder woher Geld oder Mitarbeiter für ein konkretes Projekt kommen sollen, hat Jesus klargestellt, dass er der Geber und Versorger ist.

Unsere Verantwortung besteht darin, unsere Pläne danach auszurichten, was Gott uns ins Herz gelegt hat und welche Gelegenheiten er uns auftut. Und darin, Gott beständig um diese Versorgung und Weisheit zu bitten und bereit zu sein für das Risiko. Gott allein weiß, was geschehen wird, warum es so kommen wird und wie er es gebrauchen will, selbst wenn es auf den ersten Blick erst einmal wie Versagen aussieht. Unsere Verantwortung besteht darin, Jesus im Gehorsam zu folgen und zu vertrauen, dass er uns so gebraucht, wie er es möchte, wenn wir uns aufmachen, unseren neuen Nachbarn und „Nächsten" zu dienen.

Wie können nun erste Schritte hin zu Migranten und Flüchtlingen vor unserer Haustür aussehen?

1. Initiative ergreifen

In den westlichen Kulturen werden viele Menschen nicht gerne von Fremden angesprochen. Das liegt vor allem am stark ausgeprägten Individualismus und der Verdrängung des Glaubens ins Private, die uns der Säkularismus aufgezwungen hat. In anderen Kulturen ist das ganz anders. Die Migranten und Flüchtlinge vor unserer Haustür kommen allermeist aus beziehungsorientierten Kulturen, in denen das Wir wesentlich stärker ist als das Ich und der Gemeinschaftssinn die Stimme des Individualismus übertönt. Diese Menschen werden es sehr schätzen, wenn wir freundlich auf sie zugehen, uns vorstellen und sie in unserem Land als neue Nachbarn willkommen heißen. Von hier aus ist es dann nur noch ein kleiner Schritt hin zu einem Gespräch über ihre Familie, ihre Geschichte und Nöte und ihre Erfahrungen mit Gott (wie Kathi mit den Afrikanern auf der Straße, Kap. 1). Sie können Gott z. B. um Mut bitten, in eine Flüchtlingsunterkunft zu gehen und zu fragen, wie Sie dort Menschen kennenlernen und sie willkommen heißen können. Oder Sie lächeln in der Fußgängerzone einem Fremden zu oder bieten einer Frau mit Kopftuch Ihre Hilfe an und fragen nach dem Ergehen ihrer Familie.

Die Migranten und Flüchtlinge vor unserer Haustür kommen allermeist aus beziehungsorientierten Kulturen, in denen das Wir wesentlich stärker ist als das Ich und der Gemeinschaftssinn die Stimme des Individualismus übertönt.

2. Hingehen

Gehen wir dorthin, wo die Flüchtlinge sind: in ihre Unterkünfte, zu den Warteschlangen vor den Sozialämtern usw. Wie Mandy, eine junge Berlinerin, die zusammen mit ihrem Mann zum Lageso (Landesamt für Gesundheit und Soziales) in Berlin-Moabit ging, als sich dort im Herbst 2015 die unendlich langen Warteschlangen bildeten. Die Menschen konnten noch nicht einmal schlafen, sonst wäre ihr Platz in der Schlange sofort weg gewesen. Mandy und andere halfen ihnen, die fremden Papiere auszufüllen. Die Zustände waren furchtbar; viele Menschen brachen vor Erschöpfung zusammen oder erlitten vom Ansturm Knochenbrüche, wenn morgens gegen 4.30 Uhr endlich die Tore öffneten. Manche saßen mehrere Wochen lang täglich an die 20 Stunden vor dem Amt, ohne sich durchsetzen zu können. Im November organisierten und finanzierten ein paar engagierte Privatpersonen zwei Aufwärmbusse, einen für Männer und einen für Frauen. So konnten sich wenigstens 120 Menschen jeweils für kurze Zeit erholen und aufwärmen. Weitere Freiwillige brachten Decken und warme Kleidung, andere steuerten Essen und Wasser bei und kochten Tee. Wieder andere nahmen ein paar von den Flüchtlingen zu sich nach Hause und ließen sie dort übernachten und duschen.[25]

3. Sich beim anderen einladen

Viele Menschen, die in unser Land fliehen, kommen aus einer starken Gastfreundschaftskultur. Für sie hat es Priorität, Gäste zu Hause zu haben. Dabei sind sie es nicht gewohnt, Termine zu machen oder die genaue Ankunftszeit von Gästen im Voraus festzulegen, sondern leben stärker spontan, im Augenblick. Deshalb fühlt sich ein Migrant immer geehrt, wenn Sie ihn besuchen wollen. Es bestehen gute Chancen, dass er voller Begeisterung andere seiner Landsleute dazu einlädt, damit noch mehr Menschen an der Freude teilhaben können, Sie kennenzulernen. Wenn Sie jemanden besuchen, richten Sie sich auf Essen ein. Gemeinsame Mahlzeiten sind der Klebstoff für Beziehungen und in den meisten Kulturen ist das Anbieten von Essen und Trinken eine Ehre, selbst wenn die Menschen so gut wie nichts haben. Wir beleidigen sie, wenn wir nicht bereit sind, mit ihnen zu essen und zu trinken, denn damit vermitteln wir ihnen das Gefühl, ihre Gastfreundschaft nicht zu schätzen.

4. Zu sich nach Hause einladen

Unser Gott ist ein gastfreundlicher Gott: Er hat uns sein Herz geöffnet; wir können in sein Herz wie durch eine „Tür" eintreten und reichlich essen und kostbaren Wein trinken (Jesaja 55,1-2), der gratis aus einem Herzen der Gnade gereicht wird. Jesus hat das Bild sogar umgedreht und davon gesprochen, dass er an *unsere* Tür klopft und eintreten möchte, um mit uns ein Fest tiefer Gemeinschaft zu feiern (Offenbarung 3,21).

Wenn wir unsere Wohnungstür für Menschen öffnen und sie im Namen Jesu zu uns nach Hause einladen, bringen wir sie in den Wirkungsbereich der Gnade Gottes. Es entsteht eine geistliche Dynamik, wenn wir unser leibliches Wohl mit ihnen teilen und sie so auch die Früchte des Geistes spüren und erleben lassen (Galater 5,22-23).

Gott sendet die Völker zu uns und ruft uns auf, die geistliche Kraft und Kunst der Gastfreundschaft zu lernen und zu leben. Macht Ihnen das Angst? Dann sind Sie nicht alleine. Erinnern Sie sich an die Gruppe in Oberursel (Mosaikgemeinde Nr. 3, vgl. Kap. 1). Eine der Frauen hatte den starken Eindruck von Gott, sie solle einige der Flüchtlinge zu sich nach Hause zum Essen einladen. Doch in ihr kämpften zahlreiche Bedenken gegen diesen inneren Impuls an, z. B. Gedanken wie „Das sind doch alles Fremde!", „Ich habe drei kleine Kinder und mache mir Sorgen um ihre Sicherheit" oder „Mein Mann ist zwar stark, aber gegen eine Machete, die ihm den Hals durchschneiden möchte, kommt auch er nicht an".

Je mehr sie darüber nachdachte, desto dramatischer wurden diese Gedanken. Also ging sie ins Gebet, nahm schließlich ihren ganzen Mut zusammen und lud vier Syrer in ihre kleine Wohnung ein. Am Tag vor dem vereinbarten Treffen bat sie ihre Freunde auf Facebook, für sie zu beten. Sie gestand ihre Nervosität, worauf ihre Freunde zurückschrieben und sie ermutigten, weiterzumachen. Einen Tag nach dem gemeinsamen Mittagessen mit den Syrern postete sie:

> *Es war ein so wertvoller Tag mit unseren Flüchtlingsfreunden bei uns zu Hause! Zwei von ihnen erzählten ihren Traum von einem „Mann im weißen Gewand", der zu ihnen kam und ihnen diente. Zwei von ihnen hatten erlebt, wie Jesus ein Wunder in ihrem Leben tat. Alle vier waren so dankbar, jetzt in einem Land leben zu können, in dem sie aus freiem Willen eine Entscheidung treffen dürfen, ob sie Isa (Jesus) folgen wollen. Alle sprachen davon, dass sie eine solche Liebe und Frieden empfanden, einfach nur jeden Sonntag in der Gemeinde sein zu dürfen. Wow! Ihre Geschichten sind tragisch, aber ihr Herz ist so kostbar. Betet für diese Menschen, die alles verlassen haben, was (und wen) sie lieben, um Freiheit, Sicherheit und ein neues Leben zu finden."*

Sie können diese Art Gastfreundschaft leben! Sie müssen kein Festbankett zaubern und Ihr Haus blitzblank putzen. Seien Sie einfach offen und schaffen Sie eine entspannte Atmosphäre. Sie ehren die Menschen aus der anderen Kultur auch, indem Sie ihnen erlauben, Ihre Küche zu benutzen und dort auf ihre Weise zu kochen. Sie können auch mit ihnen zusammen in den Supermarkt gehen und sie die Zutaten aussuchen lassen. Danach bezahlen Sie die Rechnung und gehen gemeinsam zu Ihnen nach Hause – das Festmahl, das sie Ihnen zubereiten, werden Sie mit Sicherheit nie vergessen.

Nehmen Sie sich auch die Freiheit, vor dem Essen zu beten. Sie sind der Gastgeber; fremde Kulturen werden Ihre religiösen Traditionen respektieren. Am besten beten Sie spontan und nicht vorformuliert, damit deutlich wird, dass es beim Tischgebet nicht um religiöse Tradition geht, sondern um eine persönliche Beziehung zu Gott. Danken Sie nicht nur für das Essen, sondern auch für die Gäste; das zeigt Ihre Liebe zu ihnen.

Seien Sie nicht überrascht, wenn Ihnen das Gleiche passiert wie Damaris und Christian bei ihrem Weihnachtsessen (Kap. 1): Bevor die Gruppe sich verabschiedete, bat einer der Gäste um Ruhe, weil er nun auch Allah für die Feier danken und ihn um seinen Segen bitten wollte. Damaris schluckte, aber sie beherrschte sich und stimmte lächelnd zu, weil sie wusste, dass Muslime auf diese Weise einen empfangenen Segen zurückgeben. Als sie alle „Allahu Akbar ..." beteten, dankten sie und ihr Mann im Stillen dem Herrn im Namen Jesu, dass er ihnen dieses unvergessliche Weihnachtsfest geschenkt hatte und der eine wahre Gott sie und ihr Haus vor dem Bösen beschützte.

Wenn Sie sich für diese Art von Gastfreundschaft öffnen, beginnt mit Sicherheit ein großes Abenteuer mit Jesus.

5. Über Gott sprechen

Die meisten Einwanderer aus nichtwestlichen Gesellschaften sind nicht in einem säkularen Umfeld groß geworden. Religion ist für sie keine Privatsache, doch oft ist es verboten, sich seine eigenen Gedanken zu machen. Was sie glauben sollen, bestimmt der Staat. Vor diesem Hintergrund ist es für viele Einwanderer eine befreiende Erfahrung, wenn sie sich plötzlich in einer Umgebung wiederfinden, in der man mit ihnen offen über Gott spricht und sie auch selbst offen Fragen über Religion stellen oder über unterschiedliche Meinungen und Sichtweisen diskutieren können.

Einmal luden Susan und ich ein paar Afghanen in unsere Wohnung ein, die seit Kurzem in unsere Gottesdienste kamen. Einer der sieben schlief sofort auf dem weichen Sofa ein, während die anderen begannen, uns (mithilfe eines Übersetzers) mit ihren Fragen zu löchern. Manche meiner Antworten passten ihnen nicht, was sie nur anstachelte, immer neue Fragen zu stellen. Die Dreieinigkeit klang für sie selbst nach meinen besten Erklärungsversuchen nur nach Gotteslästerung und dass Gott an einem Kreuz gestorben sein sollte, einfach nur dumm. Die Diskussion wurde immer hitziger; einmal brüllte einer der Gäste sogar so laut, dass der Mann auf dem Sofa aus seinem Tiefschlaf aufschreckte. Am Ende des Abends sagte ebendieser Gast: „Das war der beste Abend meines Lebens!“ Ich war verwirrt, bis er mir erklärte: „Ich hatte niemals die Freiheit, meine Fragen über Gott zu stellen.“

Susan und ich waren so bewegt, dass wir sie bald zu einem weiteren Besuch einluden. Diesmal kamen nicht sieben, sondern elf. Während Susan in die Küche flitzte, um noch mehr Essen vorzubereiten, versammelten sich die Männer im Wohnzimmer. Ich merkte schnell, dass sie einen Experten aus dem Flüchtlingsheim mitgebracht hatten, der offensichtlich den Koran und sämtliche Argumente gegen die christliche Lehre studiert hatte. Er diskutierte wie ein Maschinengewehr und feuerte eine Kugel nach der anderen auf mich ab, während die afghanischen Jungs uns beobachteten und grinsten. Am liebsten hätte ich Susan in der Küche geholfen, anstatt hier von diesem Anführer selbst gegrillt zu werden.

Als das Essen kam, war ich der Einzige, der den Appetit verloren hatte. Falls ich gehofft hatte, dass wir nun in Frieden gemeinsam essen würden, hatte ich mich gründlich getäuscht. Es kamen immer weitere Fragen, nun von Essensbrocken begleitet, die aus den Mündern schossen. Die Afghanen schienen sichtlich ihre Freude zu haben und machten wie verrückt Fotos mit ihren Smartphones. Am Ende sagten sie wieder: „Es ist so nett und angenehm, offen über die Bibel, den Glauben und Gott zu sprechen“, und verabschiedeten sich mit herzlichen Umarmungen.

In den folgenden Wochen gaben mehrere von ihnen Jesus ihr Leben. Der Islamexperte ließ sich einige Monate lang nicht mehr blicken, doch als unsere Gemeinde ihr jährliches Sommerpicknick im Park veranstaltete, tauchte er plötzlich wieder auf – mit seinem kleinen Sohn und seiner voll verschleierten Frau. Ich fragte mich schon, ob die Diskussionen nun wieder losbrechen würden. Stattdessen hörte ich Gitarrenklänge und Kinderstimmen und entdeckte, dass mitten zwischen den Zuhörern diese Muslimin mit ihrem Sohn saß und voller Freude mitklatschte. Dann erzählte unser Mitarbeiter eine biblische Geschichte, die der Junge aufmerksam verfolgte. Als später gegessen wurde, kam der Mann zu mir herüber. Ich wähnte schon meine öffentliche Hinrichtung kommen, doch er beugte sich zu mir herunter und flüsterte mir ins Ohr: „Danke! Das tut meiner Familie sehr gut."

Seitdem habe ich ihn nie wiedergesehen, aber nun weiß ich, dass man mit Muslimen wirklich über Gott sprechen kann. Besonders in Gemeinschaft in gemütlicher Runde.

6. Unser Bestes geben: das Evangelium

Wenn wir über Gott sprechen, kann es für uns Christen nur ein Zentrum geben: das Evangelium. Als Jesus zum Himmel auffuhr, gab er seinen Jüngern den Auftrag mit, seine Zeugen zu sein. Sie wurden zu Aposteln und erfüllten den Auftrag, indem sie überall über Jesus sprachen und predigten und ihre Worte mit Wundern und Hilfstaten begleiteten. Das Evangelium ist ein großartiges Gesamtpaket, das sich im Leben eines Nachfolgers Jesu in Worten, Taten und Kraftwirkungen ausdrückt.

Obwohl Staat und Kirchen in unseren Breitengraden über genügend Mittel verfügen, um sich der sozialen Nöte anzunehmen, sind wir als Volk Gottes aufgerufen, uns der Fremden und Ausländer zu erbarmen (vgl. Kap. 5) und ihnen dieses Gesamtpaket zu bringen. Doch unsere wichtigste Aufgabe ist und bleibt es, den Menschen in Not das zu geben, was ihnen kein Staat und keine theologisch liberale Kirche geben kann: die Botschaft von Jesus, wie er Menschen nachgeht und in unser Leben persönlich eingegriffen hat.

Das kann sich manchmal ganz einfach ergeben. In Frankfurt-Nordwest (Mosaikgemeinde Nr. 6) lud die besagte syrische Kita-Leiterin uns dazu ein, mit ihren Kindern das kleine Kirchengebäude zu besichtigen, das wir inzwischen für die Gottesdienste von Frankfurt-Nord (Nr. 1) anmieteten. Eigentlich sollten wir ihnen nur Weihnachten erklären, doch als wir an dem kalten Wintertag mit den Kindern die kleine Kirche betraten, fiel ihr erster Blick auf das Kruzifix am Altar. Ein kleines Mädchen fragte sofort: „Wer ist der Mann am Holz?“ So musste also das kleine Baby in der Krippe mit den Eseln und Hirten erst einmal warten.

„Das ist Isa“, erklärte ich, „ihr kennt ihn aus dem Koran; bei uns heißt er Jesus“. Dann erzählte ich ihnen davon, wie Gott als Mensch zu uns gekommen war, um mit seinem Blut alles Schlechte an uns abzuwaschen – Isa, der am Kreuz alles Böse auf sich genommen hat und an unserer Stelle von Gott bestraft worden ist.

Kein Erzieher schritt ein, weil er etwa meine Erklärungen nicht für kindgemäß hielt. Als ein Junge, der offenbar mit seinen Gedanken anderswo gewesen war, nachhakte, warum dieser Mann denn nun am Holz hängt, erklärte ich alles noch einmal. Danach kamen wir auf Weihnachten zu sprechen, verteilten heiße Schokolade und Susans köstliche Weihnachtsplätzchen und sangen ein paar Weihnachtslieder, welche die Kinder schon im Kindergarten gelernt hatten.

Am Nachmittag waren wir zur Weihnachtsfeier im Kindergarten eingeladen, weil die (muslimische!) Leiterin unbedingt wollte, dass wir auch die Eltern kennenlernten. Das kleine Mädchen, das die zentrale Frage gestellt hatte, lief augenblicklich zu ihrer Mutter und rief begeistert: „Mama, Mama, wir haben heute Isa am Holz gesehen!“ Ich rechnete schon mit wütendem Protest der Eltern, doch niemand sprach sich gegen diese „christlich-religiöse Indoktrinierung“ aus.

Zwei Tage später war Susan wieder bei ihnen in der Kita, um ihnen Geschichten vorzulesen. Als sie das Buch aufschlug, sagte ein kleiner Junge plötzlich: „Oma Beck, ich habe Angst vor dem Mann am Holz!“ Bevor Susan den Mund aufmachen konnte, ertönte eine kleine Mädchenstimme: „Du brauchst keine Angst vor Isa zu haben. Gott hat ihn doch für das Schlechte in uns bestraft, damit wir die Strafe nicht abkriegen.“

> *„Noch niemals zuvor in der Geschichte haben wir bei Iranern, Afghanen und syrischen Kurden eine derartige Offenheit für das Evangelium erlebt wie heute."*
>
> Anonymer Missionar unter Muslimen

7. Treffpunkte schaffen

Wir können eine ganze Menge tun, um Migranten mit dem Evangelium in Berührung zu bringen, die (noch) nicht in unsere Gottesdienste kommen. Wie z. B. die zwanzig Studenten der Biblisch-Theologischen Akademie Wiedenest, die Geld sammelten und einen kleinen Raum im Stadtzentrum anmieteten und renovierten. Der Ort erlebte schon immer einen enormen Zustrom von Migranten und im Jahr 2015 wurden dort sehr viele Flüchtlinge untergebracht. Die Studenten nutzen diesen frisch renovierten Raum, um regelmäßig köstliche Dinge zu backen, Kaffee und Tee zu kochen und ein Treffen mit dem Namen *Kulturmixx* anzubieten.

Etwas später installierten sie eine Verstärkeranlage für ihre begabte Band und veranstalteten alle zwei Wochen einen Anbetungsabend – die *Jesus Night*. Für die Premiere warben sie mehrere Wochen lang im ganzen Ort und luden ganz bewusst auch die Menschen in der Flüchtlingsunterkunft dazu ein. Sie kamen tatsächlich! Und sie kommen bis heute, alle zwei Wochen 30 bis 50 Menschen, hauptsächlich Flüchtlinge, um „Jesuslieder" zu hören. Die Studenten sitzen mit frisch Gebackenem an den Tischen, bieten den Flüchtlingen Tee und Kaffee an und sprechen mit ihnen auf Deutsch buchstäblich über Gott und die Welt. „Vielleicht wird das hier eines Tages eine Gemeinde", sagte der Leiter der Gruppe, „das lassen wir den Heiligen Geist entscheiden."

Unserer Kreativität sind keinerlei Grenzen gesetzt, wenn wir überlegen, wie und wo wir Treffpunkte mit Menschen schaffen können, die sich langweilen, die einsam sind und Probleme haben oder sich einfach nach echten Beziehungen und Freundschaften sehnen. Erinnern Sie sich an Dr. Behr, den Kinderarzt, der jeden Morgen für Frankfurt-Nordwest gebetet hatte (vgl. Kap. 1, Mosaikgemeinde Nr. 6)? Er wollte sein Wartezimmer nutzen, um den Kindern (mindestens zur Hälfte muslimische Migranten) die Wartezeit mit biblischen Geschichten zu verkürzen. Als wir dann mit unserem Projekt in den Stadtteil kamen, konnten wir seine Vision zum Leben erwecken. Ich stellte mich als „Assistent für geistliche Angelegenheiten“ vor und las den kleinen Patienten jede Woche aus der Kinderbibel vor. Sobald ich erklärte, dass Jesus auch im Koran vorkommt und dort Isa heißt, öffneten sich sämtliche Türen. Viele der Eltern tauchten später mit ihren Kindern in unseren Gottesdiensten auf – eine direkte Folge dieses Erstkontaktes im Wartezimmer, der die Patienten neugierig auf den Vorleser und seine Qualitätsliteratur gemacht hatte.

8. Ein Willkommensfest feiern

Im September 2015 wurde in Deutschland der Begriff der „Willkommenskultur“ geboren. In Österreich wurde er sogar zum Wort des Jahres 2015 gewählt. Viele Städte und Dörfer organisieren bei der Ankunft neuer Flüchtlinge ein Willkommensfest. Findet so etwas auch in Ihrer Nähe statt? Dann gehen Sie hin und beteiligen Sie sich! Dort treffen Sie die Flüchtlinge und können ihnen begegnen oder erfahren, welche Flüchtlingsgruppen als Nächstes kommen werden. Bei diesen Brückenbauveranstaltungen können Sie herausfinden, was die Flüchtlinge am nötigsten brauchen und wie Sie ihnen helfen können.

Erinnern Sie sich an das Grillfest, das Christian und seine Leute bei Gießen auf die Beine stellten (Kap. 3)? Eine ähnliche Aktion machte auch die Gemeinde im Nordosten Frankfurts, die sich unserem Projekt anschloss und zur Mosaikgemeinde Nr. 2 wurde (vgl. Kap. 1). Zu einem Willkommensabend für neu angekommene Flüchtlinge kamen auch Philemon und Linda, ein junges, deutsches Ehepaar, das sich entschlossen hatte, Jesus zu dienen, indem sie sich eines Flüchtlingspaares persönlich annahmen. Vor dem Willkommensabend hatten sie um Führung gebetet. Nun hatten beide den Eindruck, dass sie ein bestimmtes syrisches Ehepaar ansprechen und kennenlernen sollten. Sie luden sie für das folgende Wochenende zu sich nach Hause ein. Die Syrer waren glücklich, einmal aus der Flüchtlingsunterkunft herauszukommen, und verbrachten schließlich den Freitagabend und den ganzen Samstag mit dem jungen, deutschen Paar.

Als Nächstes luden Philemon und Linda sie zu einem schicken Valentinsessen bei Freunden ein. Weil die Flüchtlinge natürlich keine festliche Kleidung hatten, organisierten Philemon und Linda Anzug und Abendkleid. Auf der Party waren noch andere Migranten und das syrische Paar fand im Laufe des Abends heraus, dass viele von ihnen zur Gemeinde gehörten. Sie waren sofort interessiert, einmal in den Gottesdienst zu kommen, denn sie hatten sich schon lange gefragt, was Christen wirklich glauben und was eigentlich eine Gemeinde ist.

Noch am selben Abend ergab sich eine Mitfahrgelegenheit bei zwei afghanischen Frauen, sodass es am nächsten Wochenende zu dem denkwürdigen Szenario kam: Syrische Muslime übernachteten am Samstag bei afghanischen Musliminnen, um mit ihnen am Sonntagmorgen in einen christlichen Gottesdienst gehen zu können. Es gefiel ihnen.

Am dritten Sonntag erlebten sie zum ersten Mal ein Abendmahl. Als man ihnen erklärte, was es damit auf sich hat, erklärte der Mann: „Aber wir glauben jetzt an diesen Jesus. Wir möchten auch daran teilnehmen.“ Als die beiden nach vorne gingen und mit den englischen Einsetzungsworten Brot und Wein gereicht bekamen, saßen zwei junge Deutsche ganz hinten auf ihren Stühlen und konnten nur noch weinen über das, was aus ihrer Bereitschaft geworden war, zu diesem Willkommensfest zu gehen und ein Ehepaar einzuladen.

9. Ein Sprachcafé anfangen

Seitdem die Flüchtlingswelle über uns hereingebrochen ist, erleben wir, wie wir mit intensiven Deutschkursen der spürbaren Not unserer „Nächsten" begegnen. Viele Flüchtlinge kommen in der Hoffnung in dieses Land, bleiben zu können und sich ein neues Zuhause aufzubauen. Viele sind geradezu besessen von dem Wunsch nach Arbeit, weil dies zu ihrem Selbstwertgefühl gehört und sie ihre Familie selbst versorgen wollen. Da macht es die Bürokratie ihnen oft schwer: Grundvoraussetzung für eine Einstellung ist das Bestehen einer Sprachprüfung, die man aber erst nach einer Sprachschule ablegen kann, die man ihrerseits erst besuchen kann, wenn die Behörden den Fall abschließend bearbeitet haben ... Im Endeffekt sitzen viele Flüchtlinge bis zu zwei Jahre lang nur herum und langweilen sich.

Doch dieser „Hausarrest" in einer Flüchtlingsunterkunft gibt der Gemeinde die wunderbare Gelegenheit, durch das private Angebot von Sprachkursen „ihren Nächsten zu lieben". Dieser Unterricht kann in einem Privathaus, im Gemeindegebäude, in einem öffentlichen Raum, einem Hotel oder sogar in einem Restaurant vor Ort durchgeführt werden. Wir haben die Erfahrung gemacht, dass die Menschen häufig sehr entgegenkommend sind, wenn ihre Räume für Deutschkurse genutzt werden sollen. Dies ist auch eine großartige Möglichkeit zur Zusammenarbeit von Gemeinden im gleichen Stadtteil: Menschen aus unterschiedlichen Gemeinden stellen gemeinsam ein Team zusammen, um auf genügend Lehrer zu kommen.

Karen Smith begann schon im Januar 2013 gemeinsam mit unserer ersten Studentengemeinde einen solchen deutschen Sprachkurs, bei dem sie sich an der Arbeit des *Café Hope* in Gießen orientierten (vgl. Kap. 1). Dieser Ansatz ist bis heute so erfolgreich, dass ihn praktisch jede unserer Mosaikgemeinden übernommen hat.

Unser Setting läuft so ab:

- Vorher trifft sich das Team zum Gebet.
- Wenn die Flüchtlinge und Migranten eintreffen, erwarten sie Kaffee, Tee, Kekse und eine warmherzige, persönliche Begrüßung.
- Der Leiter fängt jedes Mal etwa so an: „Hallo, Ich bin______ und komme aus _______. Ich lebe als Nachfolger Jesu und das bedeutet für mich, dass ich Jesus liebe, weil er mich zuerst geliebt hat. Ich und auch die anderen Lehrer, die Ihnen Deutsch beibringen werden, sind Menschen, die Jesus lieben. Jesus liebt auch Sie und möchte, dass Sie seine Liebe spüren. Deshalb hat er uns gebeten, Ihnen Deutsch beizubringen, damit Sie erleben und erfahren können, wie sehr Jesus Sie liebt."
- Dann stellt sich der Rest der Gruppe auch persönlich vor: „Hi, ich bin ________ und komme aus ________."
- Anschließend teilt sich die Gruppe in Anfänger, Fortgeschrittene und weit Fortgeschrittene auf und widmet sich neunzig Minuten intensiv der deutschen Sprache.

Aus diesen regelmäßigen Treffen entwickeln sich Beziehungen. Entscheidend ist, dass die Mitarbeiter bereit sind, diese Beziehungen weiterzuentwickeln. Man kann die Sprachschüler zu sich nach Hause einladen, sich mit ihnen in einem Café treffen oder in seine jeweiligen Gottesdienste einladen, wenn man das Empfinden hat, dass seine Gemeinde wirklich bereit dafür ist, Flüchtlinge mit offenen Armen zu empfangen.

10. Bibelkreise anbieten

Viele Flüchtlinge möchten in der Bibel lesen und erfahren, wer Jesus ist. Viele Muslime haben durch ihre Religion das Wissen, dass Jesus eine einzigartige, besonders geistliche Person ist und die Bibel ein Heiliges Buch (auch wenn sie in manchem verfälscht sein soll). Um dieser Offenheit zu begegnen, gibt es zahlreiches Material, das sich nicht an skeptische Europäer richtet (wie z. B. der Alphakurs), sondern an Menschen aus anderen Religionen und Sprachen (besonders Arabisch, Farsi und Türkisch, s. Anhang A.). Vieles ist mehrsprachig aufgebaut, sodass man noch nicht einmal die Sprache können muss.

Das kraftvollste Werkzeug ist natürlich die Bibel selbst. Viele Menschen haben noch nie eine Bibel in der Hand gehabt. Es ist für sie ein erhebendes Gefühl, wenn sie Gottes Offenbarung anfassen, aufschlagen und durchblättern können. Laden Sie doch einfach einmal Migranten in Ihr Wohnzimmer ein, drücken Sie ihnen eine Bibel in ihrer Sprache in die Hand (Bezugsadressen und Online-Bibeln s. Anhang A.) und lesen Sie mit ihnen einige Bibelstellen in den verschiedenen Sprachen. Die Menschen werden Sie dafür lieben!

Migranten werden oft besonders von den vier Evangelien und den Berichten über Jesus angesprochen. Sie möchten wissen, wer Jesus ist. Muslime werden ebenfalls tief berührt, wenn man mit ihnen das Alte Testament durchgeht und aufzeigt, wie Jesus die Erfüllung sämtlicher Prophetien ist. Auch Gott als Vater ist für sie besonders eindrucksvoll: seine tiefe, leidenschaftliche Liebe zu uns, dass er uns als seine Söhne und Töchter annimmt und wie er seinem verlorenen Sohn in der Liebe Jesu entgegenläuft. Das ist ungewohnt und faszinierend für sie, da viele aus der Hoffnungslosigkeit kommen und einen harten und fordernden Gott kennengelernt haben, dessen Anforderungen sie nie genügen können.

Kapitel 8

Gottesdienst im Mono/Multi-Kontext

„Das erinnert mich alles ein bisschen an das, was die Bibel als die vollkommene Gemeinde im Himmel beschreibt: diese ganzen unterschiedlichen Nationen, die hier in einer solchen Harmonie und Freude zusammen sind!“

Anonymer Gottesdienstbesucher

Erleben wir einmal einen Gottesdienst, wie er in einer unserer Mosaikgemeinden stattfinden könnte, mit den Augen eines Flüchtlings. Hamid ist gerade aus dem Iran gekommen, seine Flucht über Land und Meer war lebensgefährlich.

Hamid ist nervös. Er hat keine Ahnung, was ihn erwartet. Seitdem er in Griechenland an Land gegangen ist, will er wissen, wie Christen so sind. Eigentlich wollten sie zu dritt hingehen, aber der eine ist krank geworden und der andere hat ihn versetzt. Vor ihm öffnet sich die Tür und ein älterer Herr in Jeans begrüßt ihn freundlich. Hamid tritt ein. Aus dem großen Raum ist Musik und lautes Stimmengewirr zu hören. An einem Tisch direkt neben dem Eingang stehen mehrere Leute.

Die Frau, die am nächsten von ihm steht, bemerkt ihn und streckt ihm freundlich ihre Hand entgegen: „Hallo, ich heiße Melody. Herzlich willkommen!"

Er deutet auf sich und sagt: „Hamid".

Melody holt ein Namensschild und beschriftet es mit seinem Namen. Hamid steckt es sich an.

In diesem Augenblick kommt ein junger Mann herüber und begrüßt Hamid auf Farsi. Er stellt sich als Mohammed vor und erklärt ihm das Willkommensgeschenk, das Melody ihm gerade überreicht: ein kleines Buch auf Farsi mit dem Titel „Das Leben, nach dem du gesucht hast", eine Tafel deutsche Schokolade und eine Karte mit dem Wort „Willkommen", auf der Rückseite ein Willkommenstext auf Farsi und fünf anderen Sprachen. Mohammed bietet Hamid einen Kopfhörer an und erklärt ihm, wie er den Gottesdienst auf Farsi mitverfolgen kann.

Als sie zusammen den großen Raum betreten, fallen Hamid sofort die vielen verschiedenen Nationalitäten auf. Er entdeckt auch eine Gruppe Iraner. Ein freundlicher Weißer kommt zu ihnen und begrüßt jeden Einzelnen mit einer Umarmung. Er trägt ebenfalls ein Namensschild auf seinem Shirt – „Klaus". Jeder im Raum trägt ein solches Schild und scheint es wert zu sein, persönlich begrüßt zu werden. Als Mohammed den Gast vorstellt, umarmt Klaus auch den überraschten Hamid, der eigentlich vor der Steifheit der Deutschen gewarnt worden war. Mohammed erklärt Hamid, dass Klaus der Pastor dieser Gemeinde ist, ein wenig wie der Imam in einer Moschee.

Plötzlich wird die Musik aus den Lautsprechern lauter und alle setzen sich in eine der Stuhlreihen. Hamid setzt sich zu den Iranern und schaut sich noch einmal um: Etwa hundert Menschen sind im Raum, mindestens dreißig von ihnen mit Kopfhörern. Die Musik klingt aus und ein junger Mann steht auf und geht nach vorne. Als er zu reden beginnt, hört Hamid plötzlich die Stimme von Mohammed auf dem Kopfhörer, der übersetzt:

Mein Name ist ______ und ich möchte euch in unserer Gemeinde willkommen heißen. Eine Gemeinde ist kein Gebäude und auch keine Veranstaltung. Gemeinde sind die Menschen, Menschen unterschiedlichster kultureller Hintergründe und Sprachen. Wer immer du bist, welche Nationalität, Religion und welche Vorstellung du auch immer über Gott hast und was du bisher mit Kirche erlebt hast – oder wenn du noch überhaupt keine Erfahrungen mit Kirche gemacht hast –: Du bist bei uns herzlich willkommen!

Hamid ist überrascht! Warum heißt eine Gemeinde jeden so offen und herzlich willkommen? Dann fährt der junge Mann fort:

Wir sind eine christliche Gemeinde. Viele Menschen, die heute hier sitzen, glauben, dass Jesus der Sohn Gottes ist; ja, dass er selbst Gott ist, der von Gott kam und für uns einen Weg zu Gott eröffnet hat.

Hamid ist verwirrt, dass Gott einen Sohn haben soll. Der junge Mann spricht weiter:

Wir sind heute hier, um Jesus anzubeten, denn er ist Gott. Wenn du das nicht glaubst, bist du genauso willkommen wie alle anderen. Wenn du das, was du heute über unseren wunderbaren Retter Jesus hören wirst, tief in deine Seele einlässt, wird dein Herz bestimmt bewegt und du wirst Gott begegnen.

Der Iraner neben ihm flüstert dem Neuankömmling ins Ohr: „Das sagt der Gottesdienstleiter jeden Sonntag."

Hamid fragt: „Warum leitet nicht der Imam den Gottesdienst?"

„Ach, du meinst den Pastor", antwortet sein Nachbar. „Nein, die

Leute, die den Gottesdienst leiten, sind ganz normale Menschen. Der Pastor wird hinterher sprechen."

Plötzlich legt die Band vorne wieder los. Auf einer Leinwand erscheinen Worte, die Hamid nicht lesen kann. Viele Leute klatschen auf einmal im Takt und die meisten fangen an zu singen. Zwei Frauen gehen sogar nach hinten, um zu tanzen – als ob jeder einfach das tun kann, was er möchte. Der Raum ist voller Freude. Hamid würde so gerne verstehen, was sie singen.

Da erklingt plötzlich Mohammeds Stimme im Kopfhörer und erklärt den Liedtext auf Farsi. Ein zweites schnelles Lied schließt sich an; Mohammed erklärt, dass nun eine Strophe auf Spanisch und eine auf Französisch von der Liebe Gottes singen.

Dann folgt ein ruhigeres Lied. Der Mann an der Gitarre sagt etwas und Mohammed übersetzt:

> *Wir wollen zu Jesus beten und ihm für unsere Erlösung danken. Betet einfach mit euren eigenen Worten, damit wir daran teilhaben können. Bete in deiner Sprache, wir hören gerne, wenn Menschen in unterschiedlichen Sprachen Gott loben.*

Nun wird es ganz still und Hamid fragt sich, was wohl passieren wird. Da ergreift eine Frau das Wort und betet laut auf Spanisch, dann ein Mann. Plötzlich hört Hamid einen Mann von hinten auf Farsi beten: „Herr Jesus, du bist der König aller Könige und der Herr aller Herren. Du bist die Fülle Gottes und alles, wonach sich mein Herz schon immer gesehnt hat."

Hamid hört zum ersten Mal jemanden auf Farsi zu Jesus beten. Für ihn klingt es wie Gotteslästerung. Noch drei Menschen beten laut, einer auf Deutsch, ein anderer auf Englisch und ein dritter auf Hindi.

Auf einmal vernimmt Hamid vertraute Klänge: ein Lied auf Farsi mit der deutschen Übersetzung auf der Leinwand. Hamid hört in seiner Sprache von vielen Nationen, Sprachen und Kulturen, die sich zu Jesus versammeln und ihn anbeten, weil er am Kreuz seine Arme für die Menschen ausgebreitet hat. Er kann hören, wie sich die Leute große Mühe geben, die Worte auf Farsi auszusprechen. Hamid versteht, dass die Deutschen seine Kultur ehren wollen, indem sie ein Lied in seiner Sprache singen.

Dann geht eine Frau zum Rednerpult, schlägt ein großes Buch auf und liest etwas vor. Am Ende sagt sie: „Das ist das Wort des Herrn."[26]

Die Leute antworten: „Dank sei Gott für sein Wort!"

Die Frau sagt: „Es ist unseres Fußes Leuchte und ein Licht auf unserem Weg."

Die Leute antworten: „Gott, wir preisen dich, unsere Ohren sind offen für dein Wort, unser Herz offen für deinen Geist."

Dann zündet die Frau eine Kerze auf dem Altar an.

Hamids Nachbar erklärt ihm: „Das machen sie jeden Sonntag. Ich glaube, sie ehren damit ihr Heiliges Buch." Dann zeigt er Hamid auf dem Programmzettel die abgedruckten Worte, die gerade von der Frau und der Gemeinde gesprochen wurden.

Plötzlich beginnt auf der Leinwand ein Video. Hamid kann nicht wissen, dass es von der Geschichte handelt, die diese Frau gerade vorgelesen hat: Jesus am Teich Bethesda (Johannes 5). Der Sprecher im Video spricht Arabisch; neben der Leinwand erscheinen die im Clip gesprochenen Worte auf Farsi, Spanisch und Englisch. Der bärtige Mann, der sich zu dem Gelähmten herunterbeugt, muss Jesus sein.

Nun geht Klaus nach vorne, legt sein Buch auf einen Notenständer und beginnt zu reden. Mohammed spricht in den Kopfhörer: „Das ist unser Prediger, der uns nun die Lehre aus der Bibel bringt." Klaus beginnt seine Predigt mit der wahren Geschichte einer Frau aus Indien. Hamid ist sofort dabei, denn diese Frau hat in ihrer Kindheit ähnliche Schläge und Lieblosigkeiten einstecken müssen wie er.

Plötzlich springt Klaus in eine andere Geschichte, diesmal von einem geschiedenen Mann in Deutschland, der trotz Karriere und Erfolg im Alter erkennt, dass er versagt hat, weil er Frau und Kinder vernachlässigt hat. Er spricht von dem, was man verliert oder nie gefunden hat, und kommt dann zum Film und der Begegnung von Jesus mit dem Mann am Teich. Er erzählt, wie die Kranken dort tagaus, tagein auf die heilende Wirkung des Wassers gewartet haben. Dieser Gelähmte würde nie die Chance haben, als Erster das Wasser zu erreichen, wenn der geheimnisvolle Engel es berühren würde – wie der lächerliche Mythos sie glauben machte. Klaus erzählt, wie Jesus ihn heilt, und macht auf der Bühne vor, wie der Mann nun herumspringen kann.

Dann erklärt er, was die Bibel uns damit persönlich lehren möchte; dass wir uns nach Dingen sehnen, die wir uns selbst nicht geben können, und dass wir am meisten Jesus brauchen. Hamid denkt an seine lange Flucht und dass er hier in Deutschland auch nicht einfach glücklich werden wird, wenn er keine innere Erfüllung findet. Am Ende erzählt Klaus, dass die Inderin inzwischen Christin geworden ist und auch der Deutsche mit Jesus ein neues Leben begonnen und sich mit seiner Familie versöhnt hat. Er endet mit den Worten, dass jeder sich für diesen Weg mit Jesus entscheiden kann, und verlässt die Bühne.

Im Raum ist es eine Minute lang ganz still, dann gehen die Lichter aus und nur ein rötlicher Strahl beleuchtet ein Kreuz in einer Ecke der Bühne. Die Frau am Keyboard und der Mann mit der Geige kommen auf die Bühne und spielen eine bewegende Melodie. Mit dem triumphalen Schlussakkord steht der junge Gottesdienstleiter am Altar. Mohammed übersetzt, dass er jeden Nachfolger Jesu einlädt, nach vorne zu kommen, um sich ein Stück Brot zu nehmen, es in einen Becher mit Wein einzutauchen und sich so mit Jesus zu identifizieren, wie er es mit uns getan hat.

Darüber muss Hamid erst einmal nachdenken. Er ist so in Gedanken versunken, dass er Mohammeds Worte verpasst. Plötzlich stehen alle auf. Hastig springt er auf. Hoffentlich hat niemand seine Unaufmerksamkeit bemerkt. Sein Vater hätte ihn geschlagen für solch eine religiöse Respektlosigkeit. Er schaut sich um, aber niemand starrt ihn an. Stattdessen greifen alle nach ihrem Programmheft und beginnen etwas zu sprechen. Verschiedene Sprachen schwirren gleichzeitig durch den Raum und Hamid hört auf Farsi: „Ich glaube an Gott, den Vater, den Allmächtigen, den Schöpfer des Himmels und der Erde, und an Jesus Christus …"

Nun wird alles noch seltsamer: Der junge Mann nimmt ein Brot und einen Kelch, hält sie hoch, schließt seine Augen und beginnt zu beten. Mohammed übersetzt:

> *Gott, du hast uns deinen Sohn als Kind in die Welt gesandt, damit wir zu Kindern Gottes werden können. Du hast uns deinen Sohn zum Leben gesandt, damit wir uns selbst sterben. Du hast deinen Sohn zum Sterben gesandt, damit wir leben können, und dein Sohn ist von den Toten auferstanden, damit wir die Hoffnung auf das ewige Leben haben. Wir feiern dieses Fest Gottes, die Gemeinschaft mit Jesus als Lamm Gottes, dem wir ewig dankbar sind. Amen.*

Dann überreicht der Mann auf der Bühne einer Frau und einem Mann Brot und Kelch. Die Leute erheben sich nacheinander von ihren Stühlen und gehen nach vorne, während die Band einsetzt, Texte auf der Leinwand erscheinen und wieder Lieder gesungen werden.

Mohammed übersetzt im Kopfhörer: „Die Mitarbeiter sagen jedem, der das Brot nimmt und es in den Wein oder Traubensaft eintaucht: ‚Jesu Leib für dich gebrochen, Jesu Blut für dich vergossen.'"[27]

Die beiden Austeiler wiederholen diese Worte vor jeder Person und setzen ihren Namen ein. Hamid erinnert sich, dass jeder sein eigenes Namensschild bekommen hat, und merkt, dass diese Zeremonie hier für jeden Einzelnen eine besondere Bedeutung hat. Manche weinen sogar. Seltsam, ihm wurde immer beigebracht, dass Isa (Jesus) nicht an einem Kreuz gestorben ist, aber für die Christen scheint es enorm wichtig zu sein.

Danach kommt noch einmal die Vorleserin auf die Bühne und betet. Dann stehen alle auf und nehmen noch einmal das Blatt in die Hand.

Auf der Rückseite steht ein Gebet, das ebenfalls in verschiedene Sprachen übersetzt ist. Es beginnt mit „Vater unser im Himmel ..." Die Iraner neben ihm murmeln auf Farsi mit: „... dein Reich komme ...". Hamid hat keine Ahnung, was das bedeutet, vielleicht eine christliche Version des Dschihad? Aber warum beten sie dann „... vergib uns unsere Schuld, wie auch wir vergeben unseren Schuldigern"?

Dann wird noch einmal ein Lied gespielt. Als es mit einem lauten, langen Schlagzeugsolo endet, jubeln die Leute wie bei einer Sportveranstaltung. Der junge Gottesdienstleiter kommt noch einmal und erhebt seine Hände zum Segen. Am Ende sagt er: „Danke, dass ihr heute gekommen seid und mit uns Gott angebetet habt. Wir wollen nun das Essen und die Gemeinschaft miteinander genießen. Wir danken der Spanisch sprechenden Hauskirche für das von ihnen vorbereitete Festmahl!"

Alle applaudieren und freuen sich auf das Essen. Hamids Nachbar stellt sich ihm vor: Er heißt Said und nimmt Hamid mit zum Essen. Bevor Hamid zurück zur Flüchtlingsunterkunft geht, wird er noch zur persischen Hauskirche eingeladen, die sich jeden Mittwoch trifft.

Merkmale des Gottesdienstes

Nun haben Sie einen mono/multikulturellen Gottesdienst hautnah miterlebt. Hier noch einmal ein Überblick über Aspekte, auf die Sie achten können:

1. Atmosphäre

Ein entscheidender Faktor ist die grundlegende Atmosphäre, die in einem Gottesdienst zu spüren ist. Dazu kann jeder in der Gemeinde eine Menge beitragen. Das beginnt schon weit vor dem Gottesdienst und geht über das Ende des „Programms" weit hinaus. Arbeiten Sie als Gemeinde an Ihrer Willkommenskultur: Jeder, ob Mitglied oder Gast, soll spüren, dass er persönlich wahrgenommen und geschätzt wird, und zu weiteren Aktivitäten (Essen oder Bistro/Café nach dem Gottesdienst, nächster Gottesdienst etc.) eingeladen werden. Im Umgang soll erkennbar werden, dass weder sozialer Status noch Rasse und Ethnie eine Rolle spielen, sondern alle mit gleicher Wertschätzung und Sympathie behandelt werden. Das Evangelium durchkreuzt alle menschlichen Klassensysteme. Das Kreuz reißt jede Mauer zwischen Menschen ein und setzt an ihre Stelle die Versöhnung der Kulturen und Klassen.

Im Beispiel von Hamid haben wir auch gesehen, dass Musik ein bestimmender Faktor der Atmosphäre ist. Schnelle Beats reißen mit und machen gute Stimmung; ruhige Musik führt in die Tiefe, z. B. vor dem Abendmahl. Lieder aus anderen Kulturen können Herzen füreinander öffnen und sofort vermitteln, dass sich die Menschen mit ihrem Lebensgefühl und ihrem Stil hier zu Hause fühlen können.

Die Atmosphäre nach dem Gottesdienst sollte etwas von einem Fest haben: gutes Essen bei guter Musik. Essen nährt nicht nur unseren Organismus, sondern auch unsere Beziehungen. Es bringt Menschen zusammen und hilft ihnen, sich zu entspannen und Gemeinschaft zu erleben. Gleichzeitig brauchen wir auch ruhige Ecken oder Räume, in die man sich für Gebet, Seelsorge oder den Moment der Lebensübergabe zurückziehen kann.

2. Kultur

Denken Sie darüber nach, welche Worte und Handlungen andere Kulturen abstoßen könnten. Wir legen z. B. unsere Bibeln nicht auf den Boden oder behandeln sie in einer Weise, die für Muslime mangelnden Respekt gegenüber der Heiligen Schrift vermitteln könnte. Oder unsere Kleidung: Wir vermeiden Löcher in den Jeans oder zu freizügige Damenbekleidung (zu tiefe Ausschnitte, sehr kurze Röcke), um nicht das zu bestätigen, was ihnen im Orient über westliche Frauen erzählt wurde: Dass sie es nur darauf anlegen, Männer scharfzumachen, und gerne zur sexuellen Beute werden.

3. Gottesdienststil

Für einen mono/multikulturellen Gottesdienst gibt es nicht nur den einen richtigen Stil. Unsere Erfahrungen der ersten Jahre haben gezeigt: Die Einwanderer werden nicht von einer besonderen Gottesdienstform angezogen, sondern von der Liebe und dem Zugehörigkeitsgefühl und von der Kraft des Evangeliums.

Die Migranten werden nicht von einer besonderen Gottesdienstform angezogen, sondern von der Liebe, dem Zugehörigkeitsgefühl und der Kraft des Evangeliums.

Der Gottesdienst, wie er in diesem Kapitel beschrieben wird, ist eine Kombination aus freien und liturgischen Elementen. Flüchtlinge und Einwanderer haben auf beides sehr positiv reagiert. Deshalb werden im Gottesdienst bewusst Gebete, Lesungen und Bekenntnisse eingebaut, die alle Anwesenden in eine Gemeinschaft stellen, aber es wird auch viel Raum für Gefühle und spontane Äußerungen gelassen.

Das Beispiel hat auch gezeigt, dass wir manchmal Lieder aus einer anderen Kultur einführen, weil dies einen besonderen Zugang für die Menschen aus dieser Kultur schafft. Sie werden natürlich am besten von einem Muttersprachler angeleitet. Bitten Sie Ihre Leute um Geduld, dass sie nicht überkritisch reagieren (wenn man z. B. den Text nicht verstehen kann), und schaffen Sie Freiraum für Experimente. Musik ist zudem ein ausgezeichnetes Mittel, um Menschen aus anderen Kulturen früh einzubeziehen. Lieder in ihrer Sprache geben ihnen von Anfang an einen Einstieg in die Inhalte und das Gefühl, wirklich willkommen zu sein. Unser Ziel bei Mosaik ist keine typisch internationale, englischsprachige Lobpreiskultur à la Hillsong, sondern ein Stil, der zu uns und unseren Leuten passt und sich aus den Möglichkeiten unserer Musiker entwickelt.

Wenn wir in unseren Gottesdiensten mono/multikulturell werden wollen, brauchen wir den Rückhalt der Leitung und der ganzen Gemeinde. Ein Beispiel dafür war ein Gottesdienst bei uns, in dem ich beobachtete, wie die Liedtexte immer zu spät auf der Leinwand erschienen. Das war verwirrend, sicher nicht nur für mich. Dann sah ich, dass einer der neuen Iraner den Beamer bediente. Als ich für eine Ansage aufstand, sagte ich zur Gemeinde: „Ihr habt vielleicht bemerkt, dass die Liedfolien heute nicht immer mit den Texten übereinstimmten. Ich denke, wir sollten heute etwas ganz Besonderes feiern: Payam, der gerade mit seinem Deutschkurs begonnen hat, hat dieser Gemeinde heute am Beamer gedient. Lasst uns Payam für seinen Mut einen Applaus geben und ihm danken für seine Hilfe in einer Sprache, die er gerade selbst noch lernt!“ Damit war die Spannung aufgehoben: Die Gemeinde klatschte nicht nur, sondern spornte ihn an, weiterzumachen.

4. Übersetzung

In jedem interkulturellen Gottesdienst ist die Übersetzung der Inhalte in die Sprachen der Gäste natürlich von größter Bedeutung. Es ist ganz schön herausfordernd, einem Sprecher zuzuhören und ihn simultan in eine andere Sprache zu übersetzen. Trotzdem müssen es nicht immer nur die ausgebildeten Übersetzer sein, die man oft nicht in ausreichendem Maß zur Hand hat. Auch Amateure können lernen, das Wesentliche des Gesagten in einer anderen Sprache auszudrücken, besonders wenn es ihre eigentliche Muttersprache ist. Bei uns übersetzte sogar eine Muslimin, die sich daraufhin bekehrte.

Für die Predigt hilft es den Übersetzern, wenn der Prediger ihnen sein Manuskript (oder was er als schriftliche Grundlage verwendet) zwei Tage vorher zukommen lässt, damit sie sich mit der Materie vertraut machen können. Am besten trifft sich der Prediger dann noch einmal eine Stunde vor dem Gottesdienst mit ihnen und geht seine Predigt gemeinsam durch. So werden letzte Unklarheiten und Unsicherheiten ausgeräumt und sie bekommen das Gefühl, Teil des Predigtteams zu sein. Im Gebet können Prediger und Übersetzer einander segnen für ihren Teil am Dienst der Verkündigung.

Technisch gesehen gibt es verschiedene Möglichkeiten, eine Übersetzung in verschiedene Sprachen zu organisieren. Der schnellste und günstigste Weg sind einzelne Sprachgrüppchen im Raum verteilt mit jeweils einem Übersetzer, der zur Gruppe flüstert. Wenn nur ein, zwei Menschen diese Übersetzung brauchen, können sie einfach zusammen in einer Stuhlreihe sitzen und der Übersetzer setzt sich zwischen oder hinter sie. Bei einer größeren Gruppe stellt man am besten Stühle in einem Kreis auf. Diese techniklose Übersetzung hat den entscheidenden Vorteil, dass sie kostenlos ist. Der Nachteil sind die ständigen Hintergrundgeräusche durch die flüsternden Übersetzer. Manche werden sich deswegen beschweren, dass sie nur schwer folgen können. Dies ist eine der vielen Unannehmlichkeiten, denen eine Gemeinde gegenübersteht, die beschlossen hat, sich für andere Nationalitäten zu öffnen.

Der fortschrittlichste und wirkungsvollste, aber auch kostspieligste Weg ist das Einbauen von Kabinen mit Glasfenstern, die man im hinteren Teil des Gottesdienstraumes aufstellen kann. In jeder Kabine sitzt ein Übersetzer und übersetzt ins Mikrofon, was er den Prediger über Kopfhörer reden hört. Jeder, der Übersetzung benötigt, erhält vor Beginn des Gottesdienstes einen Kopfhörer und bekommt den Kanal genannt, der für seine jeweilige Sprache eingestellt werden muss. Dadurch gibt es keine Ablenkung mehr, dafür aber erhebliche Kosten[28]. Außerdem muss man mit gelegentlichen technischen Störungen rechnen. Wer Hintergrundgeräusche vollkommen ausschalten will, muss die Übersetzerkabinen hinter einer festen Wand installieren.

5. Inhalte erklären

Haben Sie beobachtet, wie viel in Hamids Gottesdienst erklärt wurde? Das Abendmahl, die Liedtexte, Jesus als Sohn Gottes ... Wir können gar nicht genug erklären, was wir tun und was unsere frommen Begriffe bedeuten. Das hilft nicht nur den Fremden, sondern auch den Christen. „Lamm Gottes“, „Sünde“, „Paradies“ usw. – solche Begriffe sind heute nicht mehr unmittelbar verständlich und auch Christen machen sich oft nicht mehr wirklich klar, was sie bedeuten.

Manches erklärt nur der Übersetzer für die fremde Sprachgruppe, anderes wird vom Gottesdienstleiter erklärt oder steht schon im Programmzettel abgedruckt. Wichtige Elemente des Ablaufs (der „Liturgie“, wie das Glaubensbekenntnis und das Vaterunser) werden auf allen Sprachen abgedruckt und gesprochen, damit sie jeder mitverfolgen und mitsprechen kann (vgl. Anhang D und E).

Handzettel für das Vaterunser in vielen Sprachen und für das Apostolische Glaubensbekenntnis in vielen Sprachen (www.brunnen-verlag.de/mission-mosaikkirche.html).

6. Predigt

Postmoderne und Globalisierung zwingen uns, unsere Vorstellung von Predigt vollkommen zu überdenken. Die Autorität der Schrift und ihr Wahrheitsanspruch bleiben unverändert, wie sehr Kultur und Gesellschaft sich auch wandeln mögen, aber die Menschen reagieren darauf heute völlig anders als noch vor fünfzig Jahren und lassen sich das nicht mehr einfach so vorsetzen. Außerdem müssen wir uns bewusst machen, dass wir wie in jedem interkulturellen Gottesdienst im Publikum viele verschiedene Denkarten auf einmal vor uns haben:

- antithetisches Denken (auf jede Aussage wird mit einer Antithese geantwortet und schließlich eine Synthese formuliert – die logische deutsche Art, Gegensätze aufzulösen)
- lineares Denken (das zielgerichtete Denken der Nordamerikaner)
- zirkulares Denken (der eher lateinamerikanische Ansatz)
- deduktives Denken in Geschichten (Wahrheit wird aus den Erfahrungen der Menschen hergeleitet – der indisch-persische Weg)
- etc.

Außerdem haben wir Christen und Nichtchristen in der gleichen Versammlung sitzen. Unter den Nichtchristen können sein:

- europäische Atheisten und Skeptiker
- Namenschristen
- streng gläubige Muslime
- liberalere Muslime
- Hindus
- etc.

Welchen religiös-kulturellen Mix wir auch vor uns haben, wir werden weiter die Bibel predigen und ihre Texte auslegen. Das wird niemanden verprellen, denn viele Menschen aus anderen Religionen haben eine sehr hohe Meinung von der Bibel. Doch unsere Kommunikationsformen sollten wir an die Situation anpassen. Was mit Sicherheit nicht mehr reicht, sind reine Informationen, die Sie aus einem Bibeltext herausziehen. In den wenigsten Kulturen funktioniert es, nur „von Kopf zu Kopf" zu predigen, solange das Herz nicht angesprochen wird und keine Gefühle berührt werden. Viele Menschen ohne christlichen Hintergrund werden eine Sache nur dann als Wahrheit für sich annehmen, wenn sie zuerst ihr Herz berührt und sie etwas davon spüren können.

Was das genau bedeutet und wie wir uns in unserer Predigtvorbereitung auf ein multikulturelles Publikum einstellen können, will ich nun skizzieren.

Die Bausteine der Predigt

- Ausgangspunkt ist ein Bibeltext. Analysieren Sie ihn in der Vorbereitung gründlich, arbeiten Sie das *Thema* des Textes sorgfältig heraus und ziehen Sie es wie einen roten Faden durch Ihre ganze Predigt.
- Beginnen Sie mit der Lesung des Textes (abgedruckt oder per Beamer zum Mitlesen in verschiedenen Sprachen).
- Malen Sie das Thema mit *Geschichten* aus: biblische Geschichten, wahre Beispiele von Menschen und persönliche Erfahrungen, die zu Herzen gehen. Diese Geschichten folgen drei Zielen:
  1. Sie sollen das Thema des Bibeltextes verdeutlichen und den roten Faden aufgreifen, der durch die ganze Predigt führt.
  2. Sie sollen von der Bibelstelle zur praktischen Anwendung führen.
  3. Sie sollen die Wahrheit über Gott deutlich machen (Lehre).

Wir können die *Lehre* in der Predigt nicht genug betonen: Nicht nur Europäer, sondern auch Flüchtlinge und Einwanderer wissen meist äußerst wenig über den Gott der Bibel. Unsere Geschichten sollen gleichzeitig Lehre sein, durch die Menschen das Wesen und die Gedanken Gottes kennenlernen.

- Beschließen Sie jede Predigt mit zwei bis vier praxisorientierten Möglichkeiten zur *Umsetzung* dessen, was im Thema als roter Faden deutlich geworden ist. Einer dieser Punkte sollte aufzeigen, wie Jesus Christus in seinem eigenen Leben diesen Text selbst umgesetzt und erfüllt hat.[29] Zeigen Sie, wie Christen und Nichtchristen Jesus in ihrem Alltag brauchen.
- Setzen Sie *visuelle Mittel* ein! Verwenden Sie Powerpoint-Folien, um die sprachliche Brücke zu stärken. Setzen Sie nicht zu viel Text auf einmal, dafür Schlüsselworte, Bibeltexte und Hauptaussagen, jeweils in den relevanten Sprachen. Das sind unter Flüchtlingen und Migranten meist:

1. Arabisch (wird von Syrern und Irakern bis hin zu Marokkanern und Sudanesen gesprochen)
2. Farsi (wird von Iranern und vielen Afghanen gesprochen)
3. Englisch (wird von vielen Ostafrikanern gesprochen, z. B. aus Kenia, aber auch Ghana und Nigeria; Gebildetere aus den meisten Ländern verfügen mindestens über Grundkenntnisse)
4. Französisch (wird von vielen Westafrikanern gesprochen, z. B. aus Mauretanien, Kamerun oder Algerien)
5. Serbisch (wird von vielen Migranten und Flüchtlingen vom Balkan gesprochen)
6. Türkisch (türkische Migranten aus den Einwanderungswellen nach dem Zweiten Weltkrieg)

Kapitel 9

Missionale Gemeinschaft im Mono/Multi-Kontext

„Alle in der Gemeinde ließen sich regelmäßig von den Aposteln im Glauben unterweisen und lebten in enger Gemeinschaft, feierten das Abendmahl und beteten miteinander. (…) Die Gläubigen lebten wie in einer großen Familie. Was sie besaßen, gehörte ihnen gemeinsam. (…) In großer Freude und mit aufrichtigem Herzen trafen sie sich zu gemeinsamen Mahlzeiten."

Apostelgeschichte 2,42.44.46b (HFA)

„Missional" ist heute ein schillernder Begriff[30], der auch in Deutschland begeistert aufgegriffen wird. Ich verstehe unter einer missionalen Gemeinschaft eine Gemeinschaft von Christen, die ihr direktes Umfeld als vorrangiges „Missionsfeld" betrachtet, sich also zu den Menschen in ihrer Nähe gesandt weiß (Sendung = Mission). Das ist das natürliche Wesen einer Ortsgemeinde, denn Kirche wurde geschaffen, um Gottes Sendung in die Welt zu leben. Wenn sie sich ihrem unmittelbaren Umfeld zuwendet, agiert sie wie ihr Haupt und Schöpfer.

In den letzten Jahren ist viel darüber diskutiert worden, ob Kirche ihrem Wesen nach eine Geh-Struktur statt einer Komm-Struktur haben sollte – Kirche als Stellvertreterin Jesu, die wie er (in seiner Inkarnation) in die Welt hinausgeht, oder Kirche als Anziehungspunkt, zu dem die Welt hingeht, um dort Jesus zu finden. Unter den Stichworten „missional“, „inkarnierend“ oder „inkarnatorisch“ kontra „attraktional“ ist diese Debatte auch auf Deutsch geführt worden.

Ich wage zu behaupten, dass wir bei einer missionalen Gemeinschaft nicht zwischen beiden Richtungen unterscheiden sollten. Wir sind immer beides. Kirche handelt als Leib Jesu wie er: Gott wurde Mensch und kam in Jesus in die Welt der Verlorenen (inkarnierend), um dann die Verlorenen zu sich zu rufen (attraktional). Die missionale Gemeinschaft hat immer gleichzeitig eine Geh- und eine Komm-Struktur. Als mono/multikulturelle Gemeinde haben wir per se auch eine Geh-Struktur, weil wir nicht bei unserer Basiskultur stehen bleiben.

Was macht nun eine missionale Gemeinschaft aus? Dazu sechs Aspekte, die mir besonders wesentlich erscheinen:

1. Willkommenskultur

Eine missionale Gemeinschaft ist in ihrer Komm-Struktur einladend und heißt Fremde herzlich willkommen. Gehen wir zurück zu unserem fiktiven Gottesdienst in Kapitel 6 und betrachten wir, wie Hamid dort empfangen wurde:

- Er wurde schon an der Eingangstür herzlich begrüßt. – Heißen wir jeden Fremden, der zu uns kommt, persönlich willkommen, z. B. mit den Worten: „Hallo, ich heiße _____ . Wie heißt du?“ Wenn er sich als „Mohammed Ali Farhad“ vorstellt, kann der Gruß etwa folgendermaßen aussehen, „Wow! Ein wunderschöner Name! Wie spricht man ihn richtig aus?“
- Ein Namensschild gibt dem Fremden sofort eine Identität. Wenn Mitglieder einer Gemeinde auf ihn zugehen und sich vorstellen,

wird er lauter neue Namen hören und sich erst einmal keinen einzigen merken können. Da hilft es, wenn auch die Gemeindemitglieder die gleichen Schilder tragen. Außerdem zeigt es, dass jeder gleichermaßen willkommen ist, unabhängig davon, wie lange er schon dabei ist. Dies ist eine entscheidende Botschaft für den Gast, besonders wenn er noch kein Christ oder Kirchgänger ist.

- Zur Willkommenskultur gehört die Aufmerksamkeit aller regelmäßigen Gottesdienstbesucher für neue Gesichter. Erinnern wir immer wieder an diese missionale Haltung, gezielt nach Besuchern Ausschau zu halten. Ich habe gute Erfahrungen mit der 3-Minuten-Regel gemacht: „Die ersten drei Minuten nach dem Gottesdienst sprecht ihr mit niemandem, den ihr schon kennt, sondern geht auf eine neue Person zu." Wenn es im Gottesdienst eine bestimmte Zeit für Ansagen und Informationen gibt, kann man auch alle bitten, aufzustehen und auf eine Person zuzugehen, die man noch nicht kennt, um sich einander vorzustellen. Bei uns heißt das „Gemeinschafts-Chaos".
- Man gibt Menschen unterschiedlicher kultureller und religiöser Hintergründe das Gefühl, willkommen zu sein, wenn man dies zu Beginn des Gottesdienstes ausdrücklich sagt. Der Gottesdienstleiter kann zur Begrüßung sagen, dass jeder willkommen ist, unabhängig von seinem Glauben oder seiner bisherigen Erfahrung mit Kirche etc. Dies unterstreicht man, indem man ihnen die Abläufe des Gottesdienstes erklärt, die sie womöglich nicht verstehen, und betont, dass jeder Raum und Zeit hat, die Wahrheit von Jesus zu verstehen. Der Prediger kann auf die kritischen Fragen von Nichtchristen eingehen, indem er z. B. sagt: „Einige von euch denken jetzt wahrscheinlich …".

Es ist manchmal nicht leicht, in der Gemeinde etwas zu verändern. Wir haben uns unsere Strukturen ja aus guten Gründen aufgebaut und manche reagieren geradezu allergisch darauf, wenn plötzlich „alles anders" werden soll. Aber unsere Gemeinde gehört uns nicht. Wer seine Gemeinde festhalten will, macht aus ihr einen Götzen. Wer dieses Goldstück in seiner Faust einschließt, wird bald feststellen, dass er nur noch einen Haufen Staub in seiner Hand hält. Wenn Sie mit dieser Haltung an Ihrer Gemeinde hängen, versündigen Sie sich gleich mehrfach: zuerst an Jesus (denn es ist sein Leib, nicht unser), dann an Ihrer Gemeinde (denn Sie verwandeln sie in ein Goldenes Kalb, um das Sie herumtanzen) und außerdem am Wesen der Kirche als solche, die ihrem ureigensten Auftrag nicht nachkommen kann. Wenn Sie wollen, dass Ihre Gemeinde so bleibt, wie sie ist, stecken Sie sie damit in eine Zwangsjacke. Die Folge ist, dass sie nicht wachsen kann. Aber welcher Mensch, der noch ganz bei Trost ist, setzt sein Glück auf einen Haufen sündhafter Menschen?

Wer erleben möchte, dass seine Gemeinde lebt, atmet und gesund ist, muss sie freigeben und zulassen, dass der Töpfer seinem Werk seine Form verleihen kann. Wir werden als Gemeinschaft nur so weit missional und offen sein, wie wir es schaffen, das Evangelium auch auf unser Bild von Kirche anzuwenden und unsere Gemeinde mit anderen zu teilen.

2. Integration und interkulturelle Versöhnung

Eine missionale, mono/multikulturelle Gemeinschaft richtet ihre Komm-Struktur auf Integration neuer Menschen und Versöhnung zwischen den Kulturen aus. Dies geschieht immer auf zwei Ebenen, im Kleinen (mikro) wie im Großen (makro). Unser Motto darf sein: Gemeinde ist groß genug, um zu prägen, und klein genug, um zu pflegen.

Makroebene: Gemeinde ist groß genug, um zu prägen. Die interkulturelle Gemeinschaft und Versöhnung wird betont. Auf dieser Ebene gibt es verschiedene Zusammenkünfte:

- *Gottesdienst:* Der Heilige Geist gebraucht jedes Element im Gottesdienst, um Menschen in eine Einheit zu führen, die von der Liebe

Gottes ausgeht, vom Kreuz Christi gespeist wird und durch den Heiligen Geist vermittelt wird. Wenn wir uns versammeln, um Christus als unseren Herrn gemeinsam anzubeten, hat der Gottesdienst als solcher schon geistliche Kraft, uns miteinander zu versöhnen. Alle Anwesenden sind im geistlichen Raum „in Christus" versammelt, der die Macht hat, die ganze Welt mit sich zu versöhnen. Die Predigt des Wortes Gottes ist ein Richter aller Kulturen und Werte und ruft Menschen aller Kulturen zur Buße und zur Umkehr zum Herrn aller Kulturen. Menschen verschiedener Hintergründe und Kulturen werden „in Christus" durch den gemeinschaftlichen Akt der Buße vereint. Im Abendmahl erlebt man die Gemeinschaft mit dem gekreuzigten Christus (1. Korinther 10,16); darin liegt die Kraft zur Versöhnung.

Gemeinde ist groß genug, um zu prägen, und klein genug, um zu pflegen.

- *Gemeinschaftstreffen:* Es gibt viele Möglichkeiten, um sich im großen Rahmen mit den verschiedensten Nationalitäten und Kulturen zu treffen und damit die Völkerverständigung und interkulturelle Versöhnung zu fördern. Ich erinnere mich noch gut an unser erstes Gemeindepicknick von Mosaik. Afghanen und Iraner fanden sich zu einem Volleyballspiel mit ein paar weißen Typen wie mir und meinem englischen Freund zusammen. Es wurde ein heißer Kampf, der allen großen Spaß machte. Meine Erinnerungen sind nicht nur deshalb so frisch, weil mir der Ball einige Male heftig in die Magengrube geschmettert wurde, sondern weil Afghanen und Iraner sonst in der Welt nicht gut miteinander auskommen. Doch bei diesem Volleyballspiel waren die tiefen Ressentiments der beiden Nachbarländer überhaupt nicht zu spüren. Die bemerkenswerteste Situation entstand, als einer der Afghanen sah, dass ein Iraner neben ihm am Spielfeldrand stand. Er bot ihm an, mitzuspielen, doch der Iraner lehnte ab, weil die Mannschaften bis dahin gleich viele Spieler hatten. Da ging der Afghane zu ihm, klopfte ihm auf die Schulter und sagte: „Komm, spiel für mich; es macht gerade so viel Spaß."

Mikroebene: Hier konzentriert sich die Ortsgemeinde darauf, klein genug zu sein, um sich um Einzelne kümmern zu können. Diese Form von Gemeinschaft sollte nicht mehr als 25 Personen umfassen. Wie auf der Makroebene kann die Gemeinschaft auch auf der Mikroebene verschiedene Formen annehmen:

- *Arbeitsgruppen:* Hier trifft man sich nicht nur wegen einer gemeinsamen Aufgabe, sondern nimmt dies auch zum Anlass, Menschen in Gemeinschaft zu führen. Sie kommen zusammen, lernen die Gedanken Jesu kennen und setzen diese dann gemeinsam in die Tat um.
- *Hauskirchen:* Davon war schon ein paar Mal die Rede. Hauskirchen sind die Zellgruppen der Gemeinde und haben im Grunde die gleiche Aufgabe wie die Versammlung auf Makroebene (Gottesdienst). Doch diese Gruppengröße ermöglicht es Menschen, einander persönlich im Glauben anzuregen, seelsorgerlich zu begleiten, miteinander in der Bibel zu forschen und das Entdeckte auf die entsprechenden persönlichen Herausforderungen anzuwenden, füreinander zu beten und sich umeinander zu kümmern. Hausgemeinden können nach Nationalität getrennt sein, besonders dann, wenn die Migranten sich noch nicht in der Sprache ihrer neuen Heimat unterhalten können oder die entsprechende ethnische Gruppe (noch) zu schwierig zu integrieren ist. (Erfahrungsgemäß gibt es Kulturen, die stärker einer „Sippenmentalität" verhaftet sind.) Daneben gibt es auch Hauskirchen, in denen verschiedene Kulturen voll integriert sind. Entscheidend ist in jedem Fall ein starker pastoraler Leiter, der die Gruppe als „Laienpastor" leitet und für diese Aufgabe weiter gecoacht wird.

  Ich werde nie vergessen, wie ein albanisches Ehepaar in Frankfurt-Nord von seiner Hauskirche aufgefangen wurde, als die Frau während ihrer Schwangerschaft für längere Zeit ins Krankenhaus musste: Der amerikanische Hauskirchenleiter mobilisierte die ganze Gruppe und informierte täglich darüber, was zu tun sei.

Gemeinsam organisierten sie die Fahrten für die Frau, die Betreuung für das Kind und die Mahlzeiten für den Mann, sodass ich als Pastor auf der Makroebene gar nicht um Mithilfe gebeten werden musste.

- *Zweier- oder Dreierschaften:* Manche Menschen stecken in Lebensumständen, die einer regelmäßigen Teilnahme an einer Hauskirche im Wege stehen. Dann kann eine solche kleine, verbindliche Gebetspartnerschaft der beste Weg sein, um im Glauben zu wachsen und einander geistliche Rechenschaft abzulegen. Vielleicht können die zwei oder drei Personen, die als eine Art Minihauskirche fungieren, sich auf dem Weg von oder zur Arbeit treffen. Auch wenn sie nur ein paar Minuten Zeit haben, können sie miteinander über einen Bibeltext sprechen, sich über ihre persönlichen Herausforderungen und Versuchungen austauschen und füreinander und ihre nichtchristlichen Freunde beten.
- *Hybridgruppen (Fresh X):* Hybridgruppen sind Kleingruppen für Menschen, die für eine Hauskirche oder einen Gottesdienst noch nicht bereit sind. Sie sind offen dafür, in der Bibel zu lesen und darüber zu diskutieren, doch ihre Sprachkenntnisse halten das Verständnis noch sehr begrenzt. Manche von ihnen leben in konkreter Furcht vor ernsthaften Konsequenzen, wenn sie sich einer Kirche anschließen, und brauchen eine solche unabhängigere Kleingruppe (vgl. Kap. 1 und 2 zur Mosaikgemeinde Nr. 9).
- *Social-Media-Gruppen:* In einer unserer Gemeinden haben ein paar Iraner diese Idee für sich entdeckt. Sie haben keine Zeit, sich zusätzlich zum Gottesdienst noch auf Mikroebene zu treffen, weil sie unter der Woche zu beschäftigt mit Sprachkursen, Arbeitssuche und evangelistischen Kontakten sind. So haben sie eine geschlossene Gruppe bei WhatsApp eingerichtet und schicken sich zweimal am Tag Bibelverse und ermutigende Worte.

3. Initiative

In ihrer Komm-Struktur wartet die missionale Gemeinschaft nicht einfach darauf, dass Menschen von außen kommen und aktiv auf sie zugehen, sondern ergreift die Initiative. Die Basiskultur hat die Verantwortung, die Initiative zu übernehmen und auf die fremden Kulturen zuzugehen, um ihnen die Schwellenangst zu nehmen. Menschen aus anderen Kulturen und Religionen fühlen sich unsicher, nervös oder ängstlich und werden sich zunächst am Rande halten, weil sie die Kultur des Landes und erst recht der Gemeinde nicht kennen – genauso wenig, wie ein Christ mit der Kultur einer Moschee vertraut ist, die er zum ersten Mal betritt.

Auch die Menschen der Basiskultur werden zunächst zurückweichen, wenn sie mit Menschen anderer Kulturen konfrontiert sind, die in ihr Territorium einfallen und so ganz anders aussehen, riechen, denken und glauben als sie. In unserer von Sünde zerrissenen Welt reagieren wir alle zunächst nicht mit Liebe und Anziehungskraft auf fremde Menschen, sondern erleben eher eine Fliehkraft am Werk.

Hier tritt das Evangelium auf den Plan: Die Person der gastgebenden Kultur, die mit der Liebe Jesu und Vollmacht des Geistes erfüllt ist, wird aktiv, übernimmt Verantwortung und nähert sich dem Fremden mit freundlichem Gesicht und Händedruck. Sie wartet nicht, bis der Fremde auf sie zukommt, sondern lädt ihn proaktiv ein in ihre Stuhlreihe im Gottesdienst, in Gemeinschaft nach dem Gottesdienst, in ihre Hauskirche oder zu sich nach Hause.

Dies gilt übrigens nicht nur für den Erstkontakt. Das lernten wir, als die Afghanen, die wir begeistert aufgenommen hatten, nach einem Jahr beklagten, dass sie nach einer Weile nicht mehr mit der gleichen Warmherzigkeit begrüßt wurden. Wir erkannten, dass wir darauf achten mussten, jeden gleichermaßen zu würdigen, ob er nun ganz neu ist oder schon länger kommt. Die Fremden sollten nicht nur als Neue für uns „interessant sein", sondern in die Nachfolge Jesu geführt werden und als Geschwister zu vollen Mitgliedern unserer missionalen Gemeinschaft werden – als ein Teil von uns. Das bedeutet dann auch, dass sie nicht innerlich die Gäste bleiben, die immer nur zuschauen und entsprechend empfangen werden möchten, sondern hineinwachsen und selbst Verantwortung übernehmen, z. B. indem sie selbst Kontakte aufbauen und auf neue Gäste zugehen.

„Wir Deutschen neigen dazu, uns zurückzuziehen, und lieben unsere Privatsphäre. Was wir heute brauchen, sind Deutsche, die angetrieben von Sympathie ihre Komfortzone verlassen und in die Welt des Fremden hineingehen."

Ein Teilnehmer auf einer Gemeindeleitungskonferenz 2015

4. Opferbereitschaft

Die missionale Gemeinschaft handelt in ihrer Komm- und Geh-Struktur wie ihr Herr: Sie opfert sich, besonders für die Armen, Verachteten und Bedürftigen. Jesus hat über sich gesagt: *„Der Menschensohn ist nicht gekommen, dass er sich dienen lasse, sondern dass er diene und sein Leben gebe als Lösegeld für viele"* (Markus 10,45). Sein Leib ist sein verlängerter Arm und tut, was das Haupt möchte. Hier sehen wir wieder die untrennbare Verbindung zwischen der Liebe zu unserem Gott als Herrn und zu unserem Nächsten, den wir lieben sollen wie uns selbst.

Dieser Gedanke der Hingabe und Aufopferung findet sich im Neuen Testament im Wort für Gemeinschaft: *koinonia*. Dieses griechische Wort steht für wesentlich mehr als eine Gruppe von Menschen, die zusammensitzt und isst. Menschen in einer *koinonia* sind bereit, zum Wohle der anderen alles zu geben. Die *koinonia* der damaligen Kirche in Jerusalem wird in Apostelgeschichte 2 beschrieben (s. Anfangszitat dieses Kapitels). Eine solche Gemeinschaft, in der jeder seine Zeit, seine Kraft und seinen Besitz mit den anderen teilt, verändert Gemeinde und setzt eine Dynamik in Gang, die sich wie ein Duft ausbreitet. Solch einer Gemeinschaft vertraut Gott gerne die Fremden und Migranten an, die gerettet werden sollen.

Ein hervorragendes Beispiel dafür ist die kleine Gemeinde in Oberursel (vgl. Kap. 1 und 2), die 2012 mit *Kirche für alle Nationen* zusammenging. Ihr Gründer und Leiter ist Clem, ein Mensch, der die Dinge gerne ruhig und geradlinig hat. Das lässt sich gleich dreifach an ihm und seinem Leben ablesen: Er ist *Engländer* und arbeitet als *Ingenieur* in *Deutschland*. Seine Frau Sylvia dagegen ist eine feurige Italienerin, die den Stier gerne bei den Hörnern packt. Diese Gemeinschaft von Gläubigen hatte schon 25 Jahre zuvor begonnen, bevor sie sich unter der Mosaik-DNA neu aufstellte. Heute zieht es Menschen in diese Gemeinschaft wegen der *Koinonia*-Liebe, mit der sie Außenstehende empfangen. Doch diese Art von Gemeinschaft ist nicht einfach von alleine entstanden; ihr Katalysator waren Clem und Sylvia.

Und so begann alles: An einem Sonntagmorgen kurz nach dem Zusammenschluss mit *Kirche für alle Nationen* klingelte es an der Tür. Vor ihnen standen drei Fremde – eine Frau mittleren Alters und zwei junge Männer –, die ihnen einen Zettel mit ihrer Adresse hinhielten. Clem und Sylvia luden sie zum Frühstück ein und nahmen sie zum Gottesdienst mit, von dem sie wohl kaum etwas verstehen konnten. Dank einer Tschechisch sprechenden Frau in der Gemeinde stellte sich heraus, dass die drei Roma waren, aus dem Grenzland zwischen der Slowakei und Ungarn kamen und sich mit Betteln und Gelegenheitsjobs durchschlugen. Ihr derzeitiges Zuhause war ein kleines Zelt im Wald bei Oberursel – dabei lagen die Temperaturen gerade unter dem Gefrierpunkt!

Nach dem Gottesdienst steckten Clem und Sylvia die drei Fremden in ihr Auto und fuhren in den Wald. Die drei Obdachlosen führten sie zu Fuß zu ihrem schneebedeckten Zelt. Clem und Sylvia hatten genügend biblisches Denken inhaliert, dass sie wussten, dass sie diese Fremden nicht einfach in ihrem Zelt in der Kälte lassen konnten. Also luden sie die drei ein, ihre Sachen zusammenzupacken und die Nacht bei ihnen zu verbringen. Am nächsten Tag ging Sylvia zu den Behörden, um die Legalisierung zu beantragen und eine Zuflucht für sie zu finden. Doch alle Suche nach einem Dach über dem Kopf blieb erfolglos.

Aus einer Nacht wurden drei Monate, die sie bei ihnen schliefen, aßen, Unordnung machten und das normale Familienleben durcheinanderbrachten. In diesen drei Monaten übergab die Frau ihr Leben Jesus. Clem predigte und eine Person aus der Gemeinde übersetzte für die Gäste ins Tschechische. Plötzlich unterbrach die Frau die Predigt und rief, dass sie Jesus sofort in ihr Herz aufnehmen wolle. Clem führte sie ins Gebet und die Frau rief Jesus auf Tschechisch als ihren Herrn an.

Schließlich fanden die Behörden eine Bleibe für die Frau und die beiden Männer. Nun schlug Gott ein neues Kapitel für Sylvia und Clem auf: Die ersten Afghanen waren nach Oberursel gekommen, darunter ein junger Mann und seine noch jüngere Schwester. Die beiden waren schwer traumatisiert von ihrer Reise nach Deutschland. Jesus bat Sylvia und Clem, für das Teeniemädchen als Pflegeeltern einzuspringen. Ihre drei Söhne waren schon aus dem Haus; nun hatten sie auf einmal eine Tochter in ihrem Heim, die Muslimin war und kaum Deutsch sprach. Die neue Beziehung brachte wunderschöne Momente mit sich, aber auch Frust und Herausforderungen. Sie verbrachten unzählige Stunden mit Schulbehörden, im Krankenhaus, im Auto, das zum Taxi geworden war, oder mit schwieriger Kommunikation mit einem wütenden und traumatisierten Teeniemädchen.

Die Auswirkungen auf Clem und Sylvia waren enorm. Ich habe das Herz Gottes in ihnen strahlen sehen, als sie permanent ihr Zuhause, ihre Zeit und ihr Leben zur Verfügung stellten. Ständig waren sie am Rande der Erschöpfung. Es war beeindruckend zu sehen, wie sie mit Beziehungsproblemen umgingen, für die es scheinbar keine Lösungen gab. Doch den größten Effekt hatte das Ganze auf ihre kleine Gemeinde, die durch ihr Vorbild an Großzügigkeit und Hingabe so geprägt wurde, dass Gott ihnen noch mehr fremde Menschen anvertrauen konnte.

An einem Sonntagmorgen Anfang 2016 tauchten plötzlich 40 Iraner aus dem nahe gelegenen Flüchtlingsheim in der Gemeinde auf und wollten am Gottesdienst teilnehmen. Bisher hatte ihnen noch niemand ihre Frage beantworten können, wer Jesus ist. Was auch daran lag, dass sie kein Deutsch und fast kein Englisch konnten. Die rund 35 Gemeindeglieder reagierten sofort: Als Erstes riefen sie bei ihren Freunden in Frankfurt-Nord an und konnten aus dem Stand einen Farsi-Übersetzer organisieren. Nach dem Gottesdienst gingen sie persönlich auf die vielen Fremden zu, luden sie zu sich nach Hause ein und fingen an, Beziehungen zu ihnen zu bauen. Viele von den Iranern blieben und ein halbes Jahr später konnten 13 Taufen gefeiert werden.

5. Gebet

Die missionale Gemeinschaft wird in ihrer Komm- und Geh-Struktur zu einer betenden Gemeinschaft.

Viele Jahre lang hatte ich als Pastor versucht, meine Leute zum Gebet zu motivieren. Ehrlich gesagt hatte ich an diesem Punkt selbst die größten Schwierigkeiten. Doch dann begriff ich, dass der Geist Gottes selbst ein Geist der Fürbitte ist. Ich muss mir nicht mehr selbst die Last aufbürden, meine Gemeinde zum Gebet zu motivieren. Er hat damals an Pfingsten die Ausgießung des Heiligen Geistes und die enorme Anzahl an Bekehrungen bewirkt und motiviert uns auch heute dazu, für sein Wirken in Bekehrungen und anderem zu beten. Wenn wir Gottes Spuren folgen, die er in seiner „Mission“ auf dieser Welt verfolgt, dann begeistert er uns für das Werk, das er schon längst unter uns begonnen hat. Wenn wir dann die Antworten auf unsere Gebete in einem unerwarteten Geistwirken pfingstlichen Ausmaßes erleben, wie es in Erweckungszeiten geschieht, sind wir motiviert,

Gott um mehr zu bitten. Da muss kein Pastor mehr drängeln und bitten, dass seine Leute zum Gebetstreffen kommen, denn sie werden durch den Geist der Fürbitte von innen heraus motiviert.

Wie können wir nun in Europa Teil der Bewegung werden, die Gott begonnen hat? Lernen wir hinzuschauen und wahrzunehmen, was Gott in unserer Ortsgemeinde Wunderbares tut. Werden wir dankbar, auch wenn es nur scheinbar kleine Dinge sind wie eine Frau mit Kopftuch, die auf einmal in der letzten Reihe im Gottesdienst sitzt (Makroebene). Bringen wir unseren Hauskirchen auf der Mikroebene nahe, in ihrer Gruppe für diese Frau zu danken und für weitere solche Gäste zu beten. So werden unsere Leute unsere Begeisterung spüren und gemeinsam für mehr beten.

In unserer Mosaikkirche haben wir viele treue Beter. So betet ein Ehepaar jeden (!) Morgen um 5.30 Uhr (!) im Gemeindezentrum von Frankfurt-Nordost für jede einzelne Mosaikgemeinde und ihre Leiter. Andere treffen sich jeden Morgen um 6.30 Uhr und beten für ihre Gemeinden. Ein Gebetskreis trifft sich einmal pro Woche, um für die Leiter und neue Bekehrungen zu beten, und einmal im Monat verbringen wir einen ganzen Samstag mit Gebet für die Gemeinde, aber auch für die Nationen und Nichtchristen.

Wenn Sie sehen, wie Gott in Ihrer Gemeinde am Wirken ist, können Sie eine Gebetsaktion ins Leben rufen, die 30 oder 40 Tage dauert. Eine unserer amerikanischen Missionarinnen setzte neulich in Frankfurt-Nord (Mosaikgemeinde Nr. 1) 30 Tage lang täglich ein Morgengebet (7-8 Uhr) und ein Abendgebet (18-19 Uhr) in ihrer Wohnung an, das die Leute aus der Gemeinde auf ihrem Hin- und Rückweg von ihrer Arbeit wahrnehmen konnten. Weil sie gerade erlebt hatten, wie Gott unter ihnen übernatürlich gewirkt hatte, waren sie hochmotiviert, weiter zu beten, und es kamen täglich acht bis zehn Leute zu ihren Gebetszeiten.

Am Ende gab es einen ganzen Samstag mit Lobpreis und Gebet. Sogar ein paar Iraner schauten vorbei, die erst seit Kurzem in unsere Gottesdienste kamen und nun sogar ein paar syrische Muslime mitbrachten, die sie aus dem Deutschkurs kannten. Vier Syrer blieben und so disponierten die Mitarbeiter kurzerhand um und lasen die vorbereiteten Psalmtexte auch auf Arabisch vor. Hinterher konnten sie mit zwei von ihnen sprechen und von ihren letzten Jahren voller Chaos und Tragödien hören. Einer sagte, dass er während der Psalmlesung in seinem Herzen ein nie gekanntes Gefühl von Frieden, Liebe und Ruhe gespürt hätte. Die Mitarbeiter konnten ihnen sagen, dass dieses Gefühl die Liebe Gottes war und dass Jesus sein unerschütterliches Reich baut, das aus dieser Liebe und diesem Frieden besteht. Da hellten sich ihre Gesichter auf und sie wollten unbedingt wiederkommen.

6. Denominationsübergreifendes Denken und Handeln

Die missionale Gemeinschaft öffnet sich über Denominationsgrenzen hinaus. Gott nimmt die Kirchen Europas, die ihre Türen für die Menschen aller Nationen öffnen, in seine Mission mit hinein, sein Reich auszubreiten. Dieses Reich übersteigt jegliche Vorstellung von Gebietsansprüchen oder theologischem Elitedenken.

Denominationen sind wichtig. Aber wenn wir in eine missionale Bewegung Gottes hineingenommen werden, nehmen wir eine Reich-Gottes-Mentalität an, die weit über uns und unsere Denomination hinausgeht. Wir gehören weiter einer Denomination an, aber wir wollen multidenominationell denken – in unserem europäischen Kontext würden manche auch von „ökumenischer Zusammenarbeit“ sprechen. Es geht im geistlichen Dienst nicht darum, seinen Namen oder die Strategie einer bestimmten Ortsgemeinde groß zu machen, sondern einzig und alleine darum, das Reich Gottes voranzubringen.

Wir sind dankbar für unsere Denomination, haben aber keine Zeit, denominationell zu denken. Wenn der Heilige Geist seinen weltweiten Auftrag erfüllt haben wird und Jesus in seiner Herrlichkeit wiederkommt, wird er uns nicht fragen: „Welche Denomination hat mein Reich am meisten vorangebracht? Wer bekommt den Preis für größtmögliche Produktivität?“ Wir alle können dem König aller Könige nur aus Gnade dienen. Der Einzige, der einen Preis für die erstaunlichste Missionsstrategie aller Zeiten verdient, ist Gott selbst.

Denominationsübergreifend zu denken heißt nicht, dass Theologie keine Rolle spielt. Das systematische Nachdenken über Gottes Wort ist wichtig und nichts anderes bedeutet „Theologie“ (von *theos* = „Gott“ und *logie* = „Lehre, Wort“). Wir wissen über den wahren Gott nur das, was er uns in Jesus und der Schrift offenbart hat. Jeder Christ muss wissen, dass es die Strategie des Feindes ist, die Offenbarung Gottes in Jesus und der Bibel zu untergraben. Schon ganz am Anfang lag sein Trick darin, die Menschen dazu zu bringen, sich über das Wort Gottes zu stellen und es zu verdrehen: *„Sollte Gott (wirklich) gesagt haben ...?“* (1. Mose 3,1). Der Teufel will die Gläubigen verführen, Gottes Wort so zu interpretieren, dass es am Ende das Gegenteil von dem bedeutet, was er gesagt hat.

Deshalb ist es für uns entscheidend, dass wir an der Bibel festhalten und theologisch klar und genau formulieren. Die Zeiten werden härter, aber auch spannender: Der Feind wütet mit immer mehr Christenverfolgung, aber auch unser König der Könige zieht immer mehr Menschen und Völker zu sich. Christen werden immer stärker versucht, das Wort Gottes an die Gesellschaftstrends anzupassen. Auf der anderen Seite kommen Menschen aus aller Herren Länder in unsere Kirchen und Gemeinden, die uns mit Fragen löchern über die Bibel, die Dreieinigkeit, die Göttlichkeit Jesu, den Heiligen Geist und die Vergebung der Sünden. Jeder Christ sollte heute auf diese Fragen solide und tragfähig antworten können. Jetzt ist nicht die Zeit für theologische Schlampigkeit.

Denominationsübergreifend zu denken bedeutet auch nicht, Denominationen negativ zu bewerten. Sie sind an sich etwas Gutes, weil sie den Rahmen schaffen, in dem ihre Pastoren sich verantworten müssen, entwickeln Ansätze und Material für den geistlichen Dienst und sind der Verwaltungsarm, der sicherstellt, dass Hauptamtliche bezahlt werden und im Rahmen der Gesetze des jeweiligen Landes arbeiten. In dieser Zeit eines weltweiten geistlich-theologischen Kampfes müssen Ortsgemeinden zu einer Denomination gehören, um theologisch klar bleiben zu können und nicht vom Zeitgeist mitgerissen zu werden. Wenn es Denominationen gibt, die auf theologische Integrität wie auch auf missionale Beweglichkeit setzen, sollten wir dankbar sein und sie entsprechend unterstützen.

Denominationsübergreifendes Denken und Handeln bedeutet, dass die Ortsgemeinde ihre Dienstphilosophie und ihre „DNA“ nicht von ihrer Denomination vorgesetzt bekommt, sondern von ihrem Auftrag (ihrer „Mission“) vor Ort ableitet. Die Leitfrage ist also, wie sich die Menschen im Umfeld der Gemeinde am besten mit dem Evangelium erreichen lassen, und nicht, wie man seine Denomination zufriedenstellt.

Die vielleicht radikalste Konsequenz aus diesem Denken liegt darin, in der Multiplikation der eigenen Ortsgemeinde denominationsübergreifend zu arbeiten. In Teil 1 haben wir dies bei verschiedenen Mosaikgemeinden gesehen: Nach ihrer Gründung schlossen sie sich unterschiedlichen Denominationen an (vgl. Tabelle in Kap. 2); viele halfen einander auch über Denominationsgrenzen hinweg und einige entstanden überhaupt nur, weil Menschen verschiedener Denominationen bereit waren, als Kollektiv zusammenzuarbeiten. Wie der Regionalleiter im Wohnzimmer von Christian und Damaris sagte: „Wenn es in diesem Dorf eine Gemeinde gibt, in der Menschen Jesus Christus begegnen können, spielt die jeweilige Denomination überhaupt keine Rolle; wir wollen hinter ihr stehen und sie unterstützen.“

Kapitel 10

Bekehrung und Taufe im Mono/Multi-Kontext

„Ihr habt etwas. Ihr strahlt etwas aus,
nach dem ich immer gesucht habe.
Dieser Jesus ist die Antwort auf meine tiefsten
Fragen und Sehnsüchte."

K. aus Teheran zu Daniel Tischler (ICF München)

Die erste Bekehrung in unserer Mosaikkirche erlebten wir ein Jahr nach der Gründung der ersten Gemeinde (Frankfurt-Nord). Es war mitten im Taufgottesdienst. Ich hatte gerade die beiden Täuflinge auf den Vater, den Sohn und den Heiligen Geist getauft, da hatte ich den inneren Impuls, zu sagen: „Wenn es hier jemanden gibt, der gerade jetzt sein Leben der Erlösung und Herrschaft Jesu anvertrauen möchte, dann kannst du jetzt spontan nach vorne kommen. Nach dem Lied werde ich dich in den Glauben und die Nachfolge Jesu taufen, auch wenn das für dich bedeuten kann, dass Menschen dich dafür umbringen werden."

Nach dem Lied kam tatsächlich eine junge Indonesierin nach vorne. Sie war als Au-pair in Deutschland und kam aus einem streng muslimischen Elternhaus. Vor einigen Wochen war sie auf unser Gemeindegründungsprojekt gestoßen und sofort von der Freude der jungen Leute begeistert gewesen. Nun stand sie zitternd und weinend vor mir; zu genau wusste sie, was die Taufe für sie bedeuten würde: Ihr Vater hatte ihr schon angekündigt, sie zu verstoßen, sollte sie weiter unsere Gemeinde besuchen. Nun stand sie kurz davor, ihr ganzes Leben aufs Spiel zu setzen.

Es fand sich eine Übersetzerin und ich fragte sie vor der versammelten Gemeinde, warum sie sich taufen lassen wollte. Die junge Frau erklärte mit bebender Stimme und zitterndem Leib, dass sie in der Taufe mit Jesu Gerechtigkeit identifiziert werden wollte, so wie Jesus bereit gewesen war für seine Taufe, um sich mit ihrer Ungerechtigkeit zu identifizieren – meine Predigt aus Markus 1 über die Taufe Jesu war offensichtlich voll angekommen. Für sie war das keine billige Gnade und so goss ich im Namen des Vaters, des Sohnes und des Heiligen Geistes das Wasser über sie. Einige Monate später verließ sie uns und zog nach Bali, weil sie nicht in ihre Heimat zurückgehen konnte. Dort schloss sie sich einer christlichen Gemeinde an und geht treu mit Jesus.

Wie schnell soll man taufen?

Mit der Flüchtlingswelle hat auch die Zahl spontaner Bekehrungen und Taufen überwältigende Ausmaße angenommen. Besonders Menschen aus muslimischen Ländern strömen in unsere Kirchen und wollen sich taufen lassen. Wie ich es bei dieser Indonesierin tat, haben viele Pastoren die Bitte um Taufe schnell erfüllt. Nachdem die Besucherzahlen der Gottesdienste seit vielen Jahren zurückgehen[31] und sich schon seit Jahrhunderten eine geistliche Lethargie über Europa ausgebreitet hat, erleben manche Gemeinden dies wie ein neues Pfingsten.

Deshalb kann ich die Begeisterung über Taufen von Menschen aus nichtchristlichem Hintergrund voll verstehen. Doch wir müssen auch bedenken, dass viele Flüchtlinge, die sich taufen lassen, leider nicht wie diese junge Indonesierin sind, sondern nach ihrer Taufe bald wieder wegbleiben und damit auch ihre versteckten Motive offenbaren. Auch wir mussten seit dieser ersten Taufe die bittere Erfahrung machen, dass Menschen, Flüchtlinge wie Einheimische, die bei uns getauft wurden, sich von ihrem Bekenntnis zu Christus wieder verabschiedeten.

Wie schnell sollte man also der Bitte zur Taufe nachkommen? Sicherlich nicht wie eine Gemeinde in Frankfurt, die Flüchtlinge zu einem Treffen einlädt, bei dem sie sich in einer Liste eintragen können, um dann am nächsten Sonntagmorgen von einem Pastor getauft zu werden, der weder ihr Verständnis vom Evangelium kennt noch ihre wahren Absichten.

Ein Pastor einer persischen Gemeinde in Hamburg, der Hunderte von Taufanfragen von Muslimen bekommt, schickt die Leute erst einmal umgehend in einen sechsmonatigen Glaubensgrundkurs. Nur wenn er persönlich am Kursende erkennen kann, dass ihr Glaubensbekenntnis eindeutig von Herzen kommt und derjenige nicht nur seinen Aufenthaltsstatus in Deutschland schneller bekommen will, stimmt er der Taufe und Mitgliedschaft in seiner Gemeinde zu. Ist er noch nicht überzeugt davon, dass dieser Mensch Jesus wirklich nachfolgen möchte, fordert er ihn auf, den Kurs noch einmal zu machen. Andere Gemeinden haben sich zu einem ähnlichen Vorgehen entschlossen.[32]

Pro & Kontra „schnelle Taufe“

Taufe also sofort nach der Bekehrung oder erst nach einer Lern-und-Test-Phase? Wir tun gut daran, hier erst einmal einen Schritt zurückzugehen und uns die Theologie und Argumente beider Ansätze einmal näher anzuschauen.

Argumente für eine schnelle Taufe:

- Gott alleine kennt das Herz eines Menschen. Deshalb ist es nicht unsere Aufgabe, die Echtheit der Behauptung eines Menschen anzuzweifeln, Christ geworden zu sein.
- Taufe ist mehr als nur ein Symbol dafür, was im Herz eines Menschen geschehen ist. In ihr passiert auch etwas: Sie versiegelt die Errettung, die Gott einem Menschen gewährt. Einem Menschen die Taufe vorzuenthalten verwehrt ihm die Gewissheit, dass Gott ihn in seiner Gnade vollkommen angenommen hat.
- Manche meinen, dass Taufe den Samen der Wiedergeburt sät. Das bedeutet dann, dass selbst ein Mensch, der als Baby getauft wurde, tief und echt mit Christus verbunden ist. Ich stimme dem so nicht zu, aber ich will nicht vom Tisch wischen, dass Petrus in 1. Petrus 3,21 über die Taufe sagt, dass sie uns *„rettet"*; *„denn in ihr … bitten wir Gott um ein gutes Gewissen"*. Luther und andere nach ihm haben auch das *„Bad der Wiedergeburt und Erneuerung"* (Titus 3,5) auf die Taufe bezogen.

Argumente gegen eine schnelle Taufe (und dafür, sich vor der Taufe der Echtheit der Bekehrung zu vergewissern):

- Zu viele Menschen lassen kurz nach ihrer angeblichen Bekehrung ihren Glauben wieder fallen und verhöhnen damit die Kirche und das Bekenntnis, das sie abgelegt haben. Allerdings sollte man hier meiner Ansicht nach bedenken, was Jesus uns anhand des Gleichnisses vom Unkraut gelehrt hat (Matthäus 13,36-43): Es ist nicht unsere Aufgabe, das Unkraut hier und jetzt auszureißen, um nicht versehentlich auch den guten Weizen mit zu entfernen. Jesus selbst wird das Unkraut am Tag des Gerichts vom Weizen trennen.
- Es stimmt, dass nur Gott alleine wissen kann, was wirklich im

Herzen eines Menschen vor sich geht. Aber er will auch, dass wir Christen die Werke von Menschen geistlich unterscheiden können und erkennen, ob sie wirklich bereit sind, Jesus treu zu folgen. Deshalb konnte Petrus über den Zauberer urteilen, der sich den Aposteln und Neubekehrten anschließen wollte, dass sein Herz nicht aufrichtig war (Apostelgeschichte 8,21). Der Satz aus Matthäus 7,1 *„Richtet nicht, auf dass ihr nicht selbst gerichtet werdet“* bedeutet nicht, dass der Lebensstil eines Menschen nicht der Rechenschaft vor dem Leib Christi unterliegt. Er meint auch nicht, dass wir nicht einander ermahnen sollen, wenn wir ohne Reue einen sündhaften Lebensstil praktizieren.
- Wenn wir Erwachsene taufen, die im Grunde nur das Zertifikat einer Kirchenmitgliedschaft wollen, geben wir ihnen eine falsche Heilsgewissheit.

Das Wesen echter Bekehrung

Was macht denn eine echte Bekehrung überhaupt aus? Schauen wir uns einmal ein paar biblische Gesichtspunkte an, die im Zusammenhang mit der Taufanfrage von Flüchtlingen relevant sein können.

1. Christsein ist keine Religion.

Der Glaube an Christus ist keine Religion im eigentlichen Sinne. Religionen arbeiten mit der tief verwurzelten Annahme, dass der Glaube an Gott mit dem Befolgen einer langen Liste von Regeln gleichzusetzen ist. Ein guter Muslim befolgt sein ganzes Leben lang alle diese Regeln in großer Treue. Kommt er dann in eine christliche Kirche, sucht er normalerweise einen eindeutigen christlichen Verhaltenskodex. Wenn er sich zum christlichen Glauben bekehren möchte, sagt er damit vielleicht erst einmal nur, dass er den christlichen Verhaltenskodex kennenlernen möchte, der das Regelwerk des Islam für ihn ersetzt, und hat mit einer persönlichen Hinwendung zu Christus und seinem Evangelium noch nichts zu tun.

Christsein steht sicherlich auch für eindeutige moralische Maßstäbe. Es gibt die Zehn Gebote und eine biblische Ethik. Christen sind zu einem Lebensstil aufgerufen, der die Heiligkeit Gottes widerspiegelt. Doch der Glaube beginnt nicht mit einem moralischen Regelwerk, sondern mit der Kapitulation vor Gottes Gesetz, das mir sagt: „In mir selbst bin ich sündiger, als ich jemals hätte glauben können." Doch wenn ich von dieser vollkommenen Unfähigkeit überzeugt bin, weist mich das Evangelium auf das Kreuz und betont: „Aber in Christus bin ich geliebter, als ich jemals hätte hoffen können!"[33]

Das Evangelium geht über religiöses Gedankengut hinaus. Gott hat uns in Jesus von sämtlichen selbst auferlegten Maßstäben befreit und unseren Wert und unsere Sicherheit für alle Zeiten gesichert. Bekehrung ist nicht einfach ein Wechsel zu einer anderen Religion, sondern das Begreifen und Ergreifen, dass Jesus schon alles für mich getan hat und es auch in Zukunft tun wird.

2. Bekehrung ist mehr als nur eine Verstandesentscheidung.

Bekehrung betrifft den ganzen Menschen. Jesus hat uns dazu aufgefordert, ihm nachzufolgen und seine Jünger zu werden. Das bedeutet auch Gehorsam und ist auf den ersten Blick eine Willensentscheidung: Ein Mensch trifft die Entscheidung, anders zu leben als bisher. Aber unser Wille ist verbunden mit unseren Gefühlen. Was wir lieben, unsere Sehnsüchte und Leidenschaften etc., beeinflussen unseren Willen. Sie sagen dem Willen, was sie am liebsten möchten, also quasi, was der Wille zu wollen hat. Wie der Wille sind aber auch unsere Sehnsüchte nicht losgelöst von unserem Wesen zu verstehen, sondern entstehen durch unsere inneren Bewertungen und Überzeugungen. Letztlich entspringt alles unserem inneren Wesen, das die Bibel mit „Herz" bezeichnet.

Das bedeutet, dass Nachfolge keine rein äußerliche Handlung ist, sondern das Ergebnis aller miteinander verbundenen Teilaspekte unserer menschlichen Natur. Die Frage wird tief in unserem Herzen beantwortet und wirkt sich auf alle unsere Wesensaspekte und sichtbaren Handlungen aus: Ist Jesus wirklich der Herr? Die wahre Erneuerung durch den Heiligen Geist bringt einen Menschen dazu, jeden Aspekt seines Wesens der Herrschaft Jesu unterstellen zu wollen. Dieser Herzensglaube gründet auf einem historischen Ereignis (keinem Mythos, den die ersten Jünger erfunden hätten): Der Gläubige glaubt, dass Jesus tatsächlich und leibhaftig vom Tod auferstanden ist und deshalb zu Recht Herr über alles ist und sein soll. Erst dann können wir von wirklicher Bekehrung sprechen.

3. Echte Bekehrung erkennt man erst im Laufe der Zeit an ihren Früchten.

Jesus sagt, dass man die falschen Propheten an ihren Früchten erkennen wird (Matthäus 7,15-20).

Er geht sogar so weit, zu sagen: *„Es werden nicht alle, die zu mir sagen: Herr, Herr!, in das Himmelreich kommen, sondern die den Willen tun meines Vaters im Himmel“* (V. 21). Die doppelte Betonung von „Herr“ beschreibt eine äußerst religiöse Person. Vielleicht stellt man sich so regelmäßige Gottesdienstbesucher vor, die Gott in höchsten Tönen loben. Jesu Worte wirken wie ein Rasiermesser, das Muskeln und Gewebe durchtrennt: Am Gerichtstag, wenn sie vor ihm erscheinen und auf ihre Wundertaten und ihre großartige Vollmacht über Dämonen verweisen werden, wird er ihnen antworten: *„Ich habe euch noch nie gekannt; weicht von mir“* (V. 23).

Bei anderer Gelegenheit liefert Jesus eine ernste Analyse des Glaubens anhand des Gleichnisses vom Sämann (Matthäus 13,1-23 u. a.). Das zweite Samenkorn fällt auf steinigen Boden, wo es aufgeht, aber schnell verdorrt, weil es keine Wurzeln ausbilden kann. Damit beschreibt er den Menschen, der den Samen des Evangeliums *„mit Freu-*

den" aufnimmt, jedoch bald wieder vom Glauben abfällt, weil seine Sehnsucht nach bestimmten Dingen im Leben größer ist und jeden Glauben im Keim erstickt (V. 20-21). Paulus beschreibt dies als „*am Glauben Schiffbruch erleiden*" (1. Timotheus 1,19).

Die Bibel möchte uns vor Selbsttäuschung warnen. Manche Menschen sehen sich auf dem Weg in den Himmel, dabei sind sie eigentlich unterwegs in Richtung Hölle. Doch wenn Ihr Glaube keine Gabe des Geistes ist (Johannes 3,6, Epheser 2,8-9), sondern etwas, das Sie aus sich selbst hervorbringen, dann werden Sie entweder manche biblischen Aussagen (und damit die Herrschaft Jesu) an Ihren Lebensstil anpassen wollen oder den christlichen Glauben ganz über Bord schmeißen (weil Gott sich doch nicht an Ihre Vorstellungen anpassen ließ). Manchmal offenbart sich das Herz eines Menschen erst in harten Zeiten oder wenn er im Leben mit Gott seine ersten Enttäuschungen erlebt.

4. Bekehrung geschieht manchmal durch übernatürliche Ereignisse.

Die Evangelien und die Apostelgeschichte sind voller Geschichten von Menschen, die ungewöhnliche Begegnungen mit dem Übernatürlichen erlebt haben. Es gibt unterschiedliche Ansichten darüber, wie weit die dort beschriebenen Wunder noch heute geschehen. Manche meinen, dass auch die spektakuläreren geistlichen Gaben der Gemeinde für alle Zeit gegeben sind, z. B. die Gaben der Wunder, Heilung und der Geisterunterscheidung. Andere sehen diese ungewöhnlichen Begegnungen mit dem Übernatürlichen samt den sie begleitenden spektakulären Gaben als Ausnahmen an und meinen, dass wir sie heute nicht mehr erwarten sollten.

Für mich ist es keine Frage, dass zurzeit großartige Wunder geschehen und wir in einer besonderen Phase der Geschichte leben. Täglich erhalten wir Berichte aus dem Nahen Osten, aus Asien und aus

Afrika von vielen höchst erstaunlichen Bekehrungen. Kommen Menschen aus diesen Teilen der Welt nach Europa, sind ihre Begegnungen mit Jesus sogar in unseren heutigen gemäßigten Kirchen häufig von Wundern begleitet. Wie im Nahen Osten haben Muslime auch in unseren Städten Träume, in denen ihnen Jesus erscheint.

Der erste Mann in unserer Mosaikkirche, dem Jesus im Traum erschien, war ein Afghane. Am nächsten Tag kam er in unseren Gottesdienst und erzählte uns, dass mitten im Traum in der Nacht ein helles Licht in sein Zimmer gekommen war. Das Licht sah am Unterkörper aus wie ein Mensch und von der Hüfte aufwärts wie die glänzende Sonne. Es war Jesus, der dem Afghanen seine Hand auf die rechte Schulter legte und ihm sagte, er solle einige Stunden später zu uns in die Gemeinde kommen. Nachdem er von der Wirklichkeit des auferstandenen Herrn überzeugt war, gab dieser Mann wenig später Jesus sein Leben.

Ein weiterer Muslim erzählte von einem Traum, in dem er eifrig nach der Wahrheit suchte. Dann hörte er hinter sich eine Stimme, drehte sich um und sah Jesus mit ausgestreckten Armen stehen, der ihm sagte: „Ich bin der Weg, die Wahrheit und das Leben." Als er einer Frau aus unserer Gemeinde von diesem Traum erzählte, zeigte sie ihm Johannes 14,6, wo Jesus genau diese Worte vor über 2000 Jahren wörtlich gesagt hat. Daraufhin gab dieser Mann Jesus sein Leben.

Und auch Heilungen geschehen, wo wir es früher nicht gewohnt waren. So betete das Team in der Kinderarztpraxis von Dr. Behr (vgl. Mosaikgemeinde Nr. 6) für ein Baby aus dem Kosovo, nachdem Kliniken über ein halbes Jahr keine Ursache für die ständigen Fieberschübe finden konnten. Das Fieber verließ das kleine Mädchen augenblicklich und seine glückliche Mutter vertraute in den darauffolgenden Tagen ihr Leben Jesus an.

Aus ganz Europa erreichen uns Berichte von solchen übernatürlichen Ereignissen und erstaunlichen Bekehrungen, besonders dort, wo Flüchtlinge aus Nordafrika und dem Nahen Osten in unsere Kirchen strömen. In einer solchen Situation einen Taufwilligen abzuwimmeln, weil man seinen Wunsch zur Nachfolge erst einmal sechs Monate prüfen muss, erscheint ziemlich hart und unflexibel. In Apostelgeschichte 8 schickt Philippus den Äthiopier, der auf der Straße von Jerusalem das Evangelium erkennt, auch nicht erst in einen Glaubensgrundkurs. Als der Mann fragt: „*Was hindert's, dass ich mich taufen lasse?*" (V. 37), antwortet er auch nicht: „Hm, eigentlich nichts. Aber wir müssen erst deine Bekehrung prüfen, denn wir können ja nicht sicher sein, ob du das jetzt wirklich ernst meinst. Wie wäre es, wenn wir uns in einem Jahr zur gleichen Zeit am gleichen Ort wiedertreffen, und wenn du bis dahin dabeigeblieben bist, werde ich dich taufen?" Stattdessen steigt er auf der Stelle mit dem Mann ins Wasser und tauft ihn.

Es gibt kein eindeutiges Rezept zur Prüfung von Bekehrungen. Viele Menschen bekehren sich in einem dramatischen Augenblick zu Jesus. Andere wollen nur deshalb getauft werden, weil sie ihre Religion in ihrer Familie und Heimat als schlecht erlebt haben und nun zu einer anderen wechseln möchten. Wieder andere hoffen, mit einem kirchlichen Taufschein ihre Chancen zu erhöhen, in der westlichen Gesellschaft akzeptiert zu werden. Hier brauchen wir viel Weisheit.

Es gibt kein eindeutiges Rezept zur Prüfung von Bekehrungen. Hier brauchen wir viel Weisheit.

Wenn wir Leute einfach nur deshalb taufen, weil sie sich das Etikett „Christ" anheften wollen, verstärken wir die Plage, die unsere Kirche schon seit einigen Jahrhunderten heimsucht: das Namenschristentum, das wir mit wahrem Christsein verwechseln und das eine tragisch falsche Heilsgewissheit vermittelt.

Andererseits geschehen viele echte Bekehrungen oft tatsächlich auf dramatische, rasante Weise. Diesen Menschen die Taufe zu verweigern kann das Wirken des Heiligen Geistes in ihrem Leben verhindern, weil es nicht durch die Taufe besiegelt wird und die Gewissheit, vom Herrn wirklich angenommen worden zu sein, sich in ihnen nicht auf diese Weise zusätzlich verankern kann.

Deshalb empfehle ich:

1. Wenn Sie wie Philippus Zeuge der Bekehrung eines Menschen werden und Sie eindeutig erkennen, dass diese „Bekehrung" eine wahre Begegnung mit dem Herrn war, dann zögern Sie nicht mit der Taufe. Taufen Sie ihn jedoch nur mit seiner Zusage, anschließend sofort in einen Glaubensgrundkurs mit einzusteigen, um in seinem neuen Glauben gefestigt zu werden.

2. Ist der Taufwillige in Ihrer Gemeinde nicht persönlich bekannt, schicken Sie ihn zuerst in einen Taufkurs oder Glaubensgrundkurs. Hier einige Empfehlungen für solch einen Kurs:
   - Konzipieren Sie den Kurs so, dass man jederzeit neu einsteigen kann.
   - Richten Sie ihn auf den Hintergrund der Person aus: Konvertiten aus dem Islam brauchen eine andere Taufvorbereitung als Menschen mit säkularem, atheistischem Hintergrund.
   - Der Kurs soll intensiv sein. Geben Sie Hausaufgaben auf und bauen Sie praktische Übungen ein wie das Weitergeben ihres Glaubens (an eine Person, die sie dafür nicht umbringt).
   - Vermitteln Sie die Grundlagen biblischer Lehre, besonders bei umstrittenen Themen wie: das Wesen Jesu (Gott/Mensch), die Autorität der Bibel, die Dreieinigkeit, Sünde, die Radikalität von Bekehrung und Jüngerschaft, Satan, Kreuz und Auferstehung, Gemeinde, die Bedeutung von Pfingsten, die Endzeit und die Stellung Israels in der Geschichte (ein Stolperstein für viele Muslime), geistlicher Kampf, Umgehen mit Versuchung, Heiligung und Gehorsam, Charakterentwicklung, Bibellesen und Gebet, Sexualität unter der Herrschaft Jesu etc. Die Bedeutung von Taufe und Abendmahl gehören ebenso dazu.

Wenn jemand am Ende eines solchen Kurses zeigt, dass er nicht nur die Erlösung Jesu annimmt, sondern auch seine Herrschaft über jeden Bereich seines Lebens, dann taufen Sie ihn.

3. Bittet jemand um die Taufe, fragen Sie ihn direkt, warum er zu Jesus gehören möchte. Antwortet er dann, dass er gerne zu einer Kirche gehören oder von der Regierung akzeptiert werden möchte, dann sollten Sie mit Sicherheit erst einmal von der Taufe absehen. Laden Sie auch ihn zum Glaubenskurs ein in der Hoffnung, dass der Heilige Geist ihm im Laufe des Kurses das Herz öffnet, Jesus wirklich ernsthaft nachfolgen zu wollen.

Die Feier der Taufe

Machen Sie die Taufe von Neubekehrten zu einem Fest! Sie können z. B. danach ein Gemeindefest mit gemeinsamem Essen anschließen. Taufen Sie wenn möglich mehrere Menschen auf einmal. Manchen genügt es, wenn sie besprenkelt werden, doch viele möchten in ihrer Taufe gerne voll unter Wasser getaucht werden. Haben Sie kein Taufbecken in Ihrer Gemeinde, empfehle ich folgende Möglichkeiten:

In der wärmeren Jahreszeit können Sie einen besonderen Taufgottesdienst an einem nahe gelegenen Fluss oder See abhalten und sich dort mit der ganzen Gemeinde versammeln. Wenn es zu kalt ist und die Gewässer zugefroren sind, geben Sie sich geschlagen und suchen Sie ein Schwimmbad oder Gemeindehaus mit Taufbecken, in das Sie sich einmieten können.

Oder Sie machen es wie René, der in einer Gemeinde ohne Taufbecken trotzdem durch Untertauchen getauft werden wollte. Da ich die ganze Zeit davor auf einer Konferenz war, bat ich ihn vorher, selbst etwas zu organisieren. Eventuell anfallende Kosten würde ich übernehmen, aber am Sonntag sollte da ein Taufbecken voller Wasser stehen. Als ich an dem Tag in unser Gemeindegebäude kam, sah ich weit und breit kein Taufbecken. Doch dann führte René mich im weißen Gewand zum Parkplatz und dort stand es: ein kleines Kinderplanschbecken!

„Ich soll doch den Glauben annehmen wie ein Kind", sagte er und lachte. Seitdem nutzen wir dieses Planschbecken für jede Taufe.

Kapitel 11

Ängste im Umgang mit der Flüchtlingswelle

„Multikulti ist gar nicht schön. Diese Ausländer kriegen vom Staat unser Geld nur so nachgeschmissen, sie nehmen sich unsere Frauen und unsere Arbeit … Ich hab' bald die Schnauze voll."

Thorsten
aus: Corinna Meinold, Anja Lerz (Hg.), Warum wir das schaffen müssen: Flüchtlinge – und was wir als Christen damit zu tun haben, Moers 2016 (Brendow), S. 26.

In Deutschland geht die Angst um. Was haben wir uns da ins Haus geholt mit diesen vielen Flüchtlingen? Ist es naiv, einfach so weiterzumachen mit der Willkommenskultur? Können wir das wirklich schaffen, wie es Angela Merkel nicht müde wird zu sagen? Oder haben PEGIDA und AfD recht damit, dass wir gerade unser christliches Abendland abschaffen? Die deutsche Gesellschaft ist bzgl. dieser Frage tief gespalten. Schon seit ein paar Jahren steigen die Straftaten gegen Flüchtlingseinrichtungen massiv an[34] und seit dem großen Ansturm im Herbst 2015 nehmen die Bedenken in der Bevölkerung zu[35]. In anderen Ländern wurden die Zäune schon viel eher hochgezogen. Während ich an diesem Buch arbeite, geschieht am 19. Dezember 2016 auch noch der Anschlag auf den Weihnachtsmarkt an der Gedächtniskirche in Berlin.

Auch viele Christen schwanken zwischen Barmherzigkeit für die Not leidenden Menschen, die aus purer Verzweiflung ihre letzten Mittel zusammengekratzt haben, um sich auf die gefährliche Reise nach Europa zu begeben, und der Wachsamkeit vor einem Kulturkreis und einer Religion, die sich stärker von unserer westlichen Welt unterscheiden, als es manchem europäischen Gutmenschen bewusst ist. Bei manchen ist diese Wachsamkeit zu einem Grundgefühl der Angst geworden.

Angst ist nicht immer berechtigt

Doch Angst ist oft kein guter Ratgeber, wie das Sprichwort sagt. Manchmal ist Angst eine psychologische Reaktion, weil wir an schlechte Erfahrungen aus unserer persönlichen Vergangenheit erinnert werden. Ein Beispiel: Vor Jahren legte der große Hund meines Freundes seinen Kopf auf meinen Schoß. Sofort stand mir der Angstschweiß auf der Stirn: Der Hund sah genauso aus wie die Bestie, die mich mit bloßen Zähnen beinahe zerfetzt hatte, als ich sieben Jahre alt war. Natürlich war die Angst nicht angemessen, denn es war ja nicht der gleiche Hund. Aber ich verband den Hund mit meinem Trauma, das ich als Kind erlebt hatte. So tragen manche Menschen schlechte Vorerfahrungen mit „Ausländern" mit sich herum, z. B. weil sie einmal in der U-Bahn begrapscht wurden oder weil die Familie in Ostdeutschland nach dem Krieg unter den russischen Besatzern zu leiden hatte.

Vieles kann uns Angst machen, wenn so viele Menschen aus einer anderen Kultur auf einmal bei uns auf der Matte stehen, die andere Anschauungen und Wertvorstellungen mitbringen. Fremdes macht meist erst einmal Angst. Aber sind diese Ängste auch berechtigt? Oder ist es eher wie in Psalm 53,6 (NLB): *„Angst und Schrecken packt sie, wo es keinen Grund dafür gibt"*? Haben wir es hier mit einer „Unverhältnismäßigkeit der Angst"[36] zu tun?

Angst kann eine Waffe Satans sein, um uns einzuschüchtern und davon abzuhalten, Jesus nachzufolgen und seinen Willen zu tun. Wir halten den Mund oder gehen nicht an bestimmte Orte, weil wir Angst davor haben, was geschehen könnte. Natürlich wissen wir vorher nie, was passiert oder wie andere tatsächlich auf uns reagieren. Wir stellen uns einfach das Schlimmste vor. Aber könnten wir in die Zukunft blicken, würden wir erkennen, wie Gott uns in seiner Hand hält und es oft *„keinen Grund dafür gibt"*.

Angst kann auch aus unserem mangelnden Glauben an Gottes souveränen Überblick und seine Leitung in unserem Leben herrühren. Der Mangel an Glaube macht deutlich, dass wir Gott in der Situation nicht wahrnehmen können. Vielleicht haben Sie das Bedürfnis nach Sicherheit und wollen Situationen im Griff behalten: Sie möchten, dass Dinge sich nach Ihren Vorstellungen entwickeln, Sie in Ihrer Wohlfühlzone bleiben und Ihre Erwartungen erfüllt werden. Doch wenn Sie *„im Glauben wandeln und nicht im Schauen"* (nach 2. Korinther 5,7), können Sie Gottes große Hand erkennen, die Sie hält, Ihre Schritte lenkt und vor all dem beschützt, was Sie kaputt machen könnte (Römer 8,28). Wenn Ihr Vertrauen groß genug ist, dann finden Sie auch den Mut, sich auf eine Situation einzulassen, in die Gott Sie gerufen hat. Dann können Sie ihm dienen und ihn bezeugen und überlassen ihm die Konsequenzen.

Die Flüchtlingswelle, die unseren Kontinent überschwemmt, hat viele Ängste hervorgerufen. Wir tun gut daran, uns diese Ängste einmal genauer anzuschauen und uns zu fragen, wie begründet diese Ängste wirklich sind.

Angst Nr. 1: „Wir verlieren unseren Wohlstand!"

Diese Angst treibt viele Menschen um. Doch sie ist nicht begründet.[37] Die Statistiken über das Jahr 2015 zeigen, dass die Wirtschaft in dem Land, das in dem Jahr bei Weitem die meisten Flüchtlinge aufgenommen hat, in keinster Weise gelitten hat. Im Gegenteil, das Bruttoinlandsprodukt ist überraschenderweise sogar leicht gestiegen.[38] Langzeitstudien zeigen, dass eine verstärkte Zuwanderung normalerweise die Wirtschaftsleistung eher leicht ansteigen lässt.[39] Deutschland als überalternde Gesellschaft mit jährlich Tausenden von unbesetzten Lehrstellen bekommt gerade die Chance, der demografischen Entwicklung, die lange als unabänderlich galt, entgegenzuwirken: Die Hunderttausenden von Flüchtlingskindern, die in den letzten Jahren aufgenommen wurden, sind die Erwachsenen von Morgen, die unsere Rentenkassen füllen können (wenn sie in Deutschland bleiben). Hans-Werner Sinn, der ehemalige Chef des Ifo-Instituts für Wirtschaftsforschung, bringt es auf den Punkt, wenn er sagt, dass aus wirtschaftlicher Sicht an einer „Massenimmigration kein Weg vorbeiführt".[40]

Überwinden wir diese Angst vor dem Verlust unseres Wohlstandes! Und selbst wenn es zu einem wirtschaftlichen Einbruch kommen sollte, könnten wir Gott für die vielen Jahre danken, in denen wir in einem der reichsten Länder der Erde gelebt haben. Wir können natürlich auf unsere hohe Arbeitsmoral, unsere industriellen Kompetenzen oder unser gutes Bildungssystem verweisen. Doch letztlich verdanken wir es der Gnade Gottes, dass die Bundesrepublik nach dem Zweiten Weltkrieg so sehr wieder auf die Beine kam. Gnade aber ist ein unverdientes Geschenk und ein Land, das wirtschaftliches Wohlergehen genießt, schuldet dem Geber aller guten Gaben und Eigentümer jedes Euros öffentliche Dankbarkeit. Stattdessen grassieren Materialismus und säkulares Denken, die hohe Kontostände, akademische Auszeichnungen, Karriere und schicke Häuser als unsere Lebensziele vorgeben und als Quelle von Sicherheit, Freude und Glück betrachten. Es ist eine geistliche Tragödie, wenn die Jünger Jesu dem gleichen Denken verfallen und die Sicherung ihres Wohlstandes zum obersten Ziel erklären.

Die Flüchtlingswelle ist für uns Christen kein Grund zur Angst, unseren wirtschaftlichen Wohlstand zu verlieren. Im Gegenteil, die Flüchtlinge geben uns die Möglichkeit, ihnen das im Leben zu zeigen, was wirklich zählt: nicht die großartige Karriere, Titel und Reichtum, sondern Barmherzigkeit, Güte, Liebe und Gerechtigkeit.

Angst Nr. 2: „Diese fremden Kulturen werden unser Land so sehr verändern, dass wir unsere kulturelle Identität verlieren!"

Diese Angst wird ebenfalls von vielen Bürgern geäußert und verdient eine tiefer gehende Betrachtung. Kaum jemand wird bezweifeln, dass an manchen Orten (v. a. in den Städten) die Mehrheit der Einwohner nicht mehr aus der nationalen Bevölkerung stammt, sondern aus zugezogenen Migranten besteht. Wenn das eigene Kind im Kindergarten das einzige deutschstämmige, nichtmuslimische Kind ist oder Lehrerinnen von ihren türkischen Schülern nicht respektiert werden, weil sie zu Hause gelernt haben, dass Frauen ihnen nichts zu sagen haben, dann kann man sich fremd im eigenen Land fühlen. Wenn dann noch Thilo Sarrazin in seinem Buch *Deutschland schafft sich ab* (2010) darlegt, dass Deutschland sich und seine Werte vernichtet durch den Zuzug von faulen, unausgebildeten Muslimen, die staatliche Sozialsysteme ausnutzen, dann kann einem langsam Angst und Bange werden um das gute, alte Abendland.

Doch Kulturwandel hat auch viele andere Wurzeln. Jedes Land der Welt durchläuft kulturelle Veränderungsprozesse. Der Begriff „Kultur" beschreibt einfach die Art und Weise, wie wir unser Dasein bewältigen und unser Leben organisieren. Doch diese Mechanismen sind nie ein für alle Mal festgelegt. Kultur ist immer im Fluss. Auch die deutsche Kultur von heute unterscheidet sich enorm von der vor vierzig Jahren. Warum? Etwa wegen der Migranten? Teilweise hat der

Kulturwandel tatsächlich auch etwas mit der Zuwanderung zu tun, z. B. die Zunahme von Dönerbuden oder Asiashops. Doch auch ohne jede Migration würde sich Kultur laufend verändern: Weil Menschen sich ändern, neue Generationen neue Lebensstile generieren und der technologische Fortschritt das Leben verändert – man denke nur an die tief greifenden Veränderungsprozesse durch die digitale Revolution, also die Erfindung von Computern, Handys und Internet. Viele tief sitzenden Ängste der Menschen, die zur AfD oder zu PEGIDA laufen, rühren eigentlich von der Globalisierung her,[41] deren Herausforderungen genauso bestehen würden, wenn sie keine Migranten in unser Land schwemmen würde.

In den letzten sechzig Jahren hat sich der Kulturwandel im ethischen Bereich im Allgemeinen hin zu liberaleren Maßstäben vollzogen: Was einmal als Mord definiert war, gilt heute vor dem Gesetz als legale Abtreibung; Homosexualität galt früher als abnorm und ihre Ausübung als Straftatbestand, und was von unseren Großeltern im Allgemeinen als Ausschweifung betrachtet wurde (ein Mann und eine Frau ziehen zusammen und haben Sex miteinander, ohne verheiratet zu sein), gilt heute als vollkommen normal.

Alle diese kulturellen Verschiebungen haben rein gar nichts mit Zuwanderung zu tun. Im Gegenteil: Wenn Sie sich konservativen Werten verbunden fühlen, könnte Sie der Zuzug vieler Muslime sogar zuversichtlich stimmen. Denn sie teilen in einigen wesentlichen Punkten unsere christliche Ethik, mit der wir inzwischen in der westlichen Welt oft ziemlich alleine dastehen: eine hohe Wertschätzung der Familie, der Ehe zwischen Mann und Frau, des ungeborenen Lebens und von Beziehungen und Gemeinschaft. Hier stehen Muslime und Christen zusammen gegen den Säkularismus unserer Gesellschaft.

Was aber verbirgt sich hinter dieser Angst vor Veränderung unserer Kultur? Zum einen ist es die Sehnsucht nach Sicherheit. Wir möchten nicht, dass sich unsere Kultur verändert, weil wir uns in einer gegebenen Situation nur dann sicher fühlen, wenn wir wissen, was wir zu tun haben und was uns erwartet. Zum anderen ist es die Angst um die kollektive Identität. Wer sind wir Deutschen und was wird aus uns, wenn so viele andere kommen?[42]

An dieser Stelle muss sich der Jünger Jesu die Frage gefallen lassen: Wer ist dieses „Wir“? Worin liegt unsere Identität? Sind wir im Tiefsten durch unsere nationale Identität bestimmt?Paulus schreibt im Philipperbrief, dass wir Bürger des Himmels sind (3,20). Unsere Identität besteht darin, Söhne und Töchter des himmlischen Vaters zu sein. Unsere Staatsbürgerschaft liegt im Himmel – das ist unser wahres Zuhause. Deshalb sind wir „*Fremdlinge auf Erden*“ (Hebräer 11,13).

Deshalb klammern wir uns nicht an unsere Kultur, Gesellschaft oder Nation als Garant unserer Identität, sondern sehnen uns nach unserem himmlischen Vaterland (Hebräer 11,16). Weil unsere Identität „in Christus“ liegt, muss es uns keine Angst machen, wenn unsere Kultur sich verändert.

„*Aus unserem Wir-Gefühl als Deutsche ist ein Wir-Gefühl als internationale Familie Gottes geworden.*“
– Das sagt Achim Eichhorn, Pastor für Internationale Gruppen und Gemeinden im Gospel Forum Stuttgart über die Entwicklung in seiner Gemeinde.[43] Das freut auch die Einheimischen:
„*Die Deutschen wissen die Vielfalt und Ergänzung durch unsere internationalen Geschwister immer mehr zu schätzen.*“
Die Gemeinde hat ein rasantes Wachstum hinter sich: 1987 waren es noch rund 400 Menschen im Gottesdienst, heute strömen ca. 4500 Menschen jedes Wochenende in die Gottesdienste (2017). Und so kam es dazu:
„*Die Explosion begann, als wir anfingen, unsere Mitglieder in Hauskirchen und Kleingruppen zu organisieren. Der zweite Wachstumsschub kam, als wir in unseren Gottesdiensten Übersetzung einführten. Heute wird in bis zu 22 Sprachen übersetzt.*“

Angst Nr. 3: „Der Islam wird sich bei uns ausbreiten und Gewalt mit sich bringen."

Werden wir von Muslimen zahlenmäßig überrollt? Viele Deutsche empfinden dies momentan so, doch die Zahlen sprechen eine andere, weit gemäßigtere Sprache. Während Deutsche in einer Umfrage Ende 2016 den Anteil aller Muslime im Land im Schnitt auf rund 20 Prozent einschätzten, meldete das BAMF (Bundesamt für Migration und Flüchtlinge) im Dezember rund 4,5 Mio. muslimischer Mitbürger.[44] Das entspricht gerade einmal einem Viertel der gefühlten Schätzungen, nämlich etwas über 5 Prozent der Gesamtbevölkerung – kaum eine massive Invasion.

Aber was ist mit der Gewaltbereitschaft? Um Klarheit in das Thema „Gewalt und Terrorismus" zu bringen, müssen wir zuerst zwischen dem Islam und den Muslimen unterscheiden. Längst nicht alle Muslime leben den Islam so, wie es der Koran lehrt – im Islam gibt es genauso liberale Tendenzen wie im Christentum.

Der Islam ist eigentlich nicht nur eine Religion, sondern auch eine Gesellschaftsordnung. Er bezieht jeden Lebensbereich mit ein. Muslime sind dagegen einfach die Menschen, die in dieser Kultur und Religion leben. Die Lehre des Islam gibt ihnen die Vorstellungen von Familie, Arbeit, Beziehungen und Politik vor, wonach sich die Menschen richten. Diesen Lebensstil bringen sie zunächst mit in ihr Gastland, doch mit dem Übertritt in unseren Kulturkreis beginnt in ihnen auch ein Kulturwandel. Dieser fällt natürlich unterschiedlich stark aus, je nachdem, wie bereit der Einzelne dazu ist und wie sehr er seine alte Kultur zur Identifikation angesichts der verlorenen Heimat braucht.

Außerdem müssen wir zwischen den verschiedenen Ausprägungen des Islam differenzieren. Es gibt nicht den einen Islam, sondern verschiedene Richtungen. Die beiden Hauptströmungen (vergleichbar mit unseren Konfessionen katholisch und evangelisch) sind die Schiiten und die Sunniten. Der schiitische Islam teilt sich wiederum in verschiedene Zweige (vergleichbar mit unseren Denominationen). Schiiten machen rund 15 Prozent der weltweiten Muslime aus. Sie unterscheiden sich von den Sunniten v. a. in der Frage von Mohammeds Nachfolge und der Frage, durch wen nach dem Tod des Propheten der wahre Islam weitergegeben wurde.

Die schiitischen Muslime sind felsenfest davon überzeugt, dass der wahre Islam durch die Abstammungslinie Mohammeds weitergegeben wurde. Als Mohammed starb, übernahm Ali (Ibn Ali Talib) als sein nächster männlicher Nachfahre die Führung im Islam. Doch Mohammed hatte ihn nicht persönlich als seinen Nachfolger eingesetzt. Deshalb wählten nach seinem Tod viele Muslime Abu Bakr zu ihrem ersten Kalifen. Daraus wurden die sunnitischen Muslime, die etwa 80 Prozent aller Muslime weltweit ausmachen. Auch sie haben unterschiedliche theologische Schulen bezüglich verschiedener Themen.

Die übrigen Muslime sind entweder Ahmadiyya-Muslime oder Aleviten. Die Ahmadiyya wurde erst Ende des 19. Jahrhunderts von Mirza Ghulam Ahmad gegründet und bildet eine islamische Sondergemeinschaft, die zwar ebenso an die fünf Säulen des Islams glaubt, aber auch den Offenbarungen ihres Gründers folgt und daher von Schiiten wie Sunniten als Sekte angesehen wird. Die Aleviten leben hauptsächlich in der Türkei und in Syrien. Sie folgen Ali (wie die Schiiten), haben aber keine Moscheen, sondern Gebetshäuser, und sind insgesamt eher liberaler.

Zusätzlich zu diesen theologischen Richtungen gibt es den Volksislam, der in 80 Prozent des weltweiten Islams zu finden ist und starke okkulte Züge hat. Die große Mehrheit der Muslime glaubt an Engel, Geister, den Teufel, heilige Zeichen, heilige Orte, Flüche durch schlechte Blicke, Wunder und die Bedeutung von Träumen als Wegweiser im Leben.[45] Mein Kollege Heiko Wenzel erklärte mir, dass der starke Glaube an das Mystische, das Einbrechen des Übernatürlichen in das Leben eines Muslimen, ein wesentlicher Grund dafür ist, warum Gemeinden und Christen mit einer praktischen Offenheit für Visionen, Heilungen und Erscheinungen Jesu besser an Muslime herankommen als solche, die Wunder, Heilungen und überraschende Interventionen Gottes ablehnen. Umgekehrt werden Gemeinden, die sich für Muslime öffnen, Dinge erleben, die man nur als überraschende Eingriffe Gottes erklären kann (vgl. Kap. 10).

Zwischen den verschiedenen Strömungen des Islam gibt es tief verwurzelten Hass, besonders zwischen den Sunniten und den anderen Richtungen. Das betrifft auch das Thema Gewalt, das uns in Europa so umtreibt. Sunniten interpretieren den Koran dahin gehend, dass er dazu auffordert, alle ungläubigen Menschen zu töten, einschließlich der Muslime, die keine Sunniten sind. Im Koran gibt es dazu verschiedene Aussagen. Manche Verse fordern ausdrücklich dazu auf, Ungläubige zu töten, während andere dazu aufrufen, Ungläubige mit Liebe zu behandeln.

Warum legen nun Sunniten mehr Gewicht auf die Gewaltpassagen des Koran, während andere Gruppierungen den Schwerpunkt auf die Verse legen, die zu Frieden und Toleranz aufrufen? Die Antwort liegt in Mohammed selbst. Muslime glauben, dass sie dem Vorbild Mohammeds folgen sollen, wie sie es im Koran finden. Doch Mohammed handelte nicht immer gleich: Als er in Mekka noch selbst verfolgt wurde, war er tolerant gegenüber seinen Feinden. Doch als er später in Medina lebte und seinen Glauben durchsetzen konnte, griff er zum Schwert und führte Krieg gegen alle Ungläubigen. Sunniten glauben, dass Mohammeds spätere Lebensphase mehr Autorität hat als die frühere, sodass wahre Muslime mit Ungläubigen intolerant umgehen sollen, während die anderen drei Richtungen seine frühere Zeit für ausschlaggebend halten. Deshalb ist der Islam für sie eine Religion des Friedens.

Müssen wir also Angst haben, dass Muslime unser Leben in Gefahr bringen? Machen wir uns bewusst, dass die meisten Muslime, die nach Europa kommen, selbst von Sunniten verfolgt wurden und an die friedliche Variante des Islams glauben. Es wird immer wieder sunnitisch geprägte Muslime geben, die sich als Terroristen ausbilden lassen und mit entsprechenden Absichten bei uns einreisen – oder schon in Europa aufwachsen und sich dann in Afghanistan oder Syrien zum

Terror ausbilden lassen. Aber im Großen und Ganzen dürfen wir die neu ankommenden Muslime als friedliebende Menschen betrachten, die sich nach einem Leben in Frieden sehnen.

Die meisten von ihnen kommen aus schwierigsten Lebensumständen. Besonders Flüchtlinge aus Somalia oder Eritrea kennen nichts anderes als Krieg. Viele sind durch Gewaltmissbrauch in ihrem Heimatland traumatisiert und haben zusätzlich auf ihrer Fluchtodyssee furchtbare Dinge erlebt (vgl. Kap. 3). In angespannten Situationen in der Fremde Europas können sie mit Gewalt reagieren – nicht wegen ihrer Religion, sondern weil sie nichts anderes gelernt haben. Was übrigens ebenso für den ein oder anderen gewalttätigen Europäer gilt.

Der letzte und tiefste Grund, warum wir ohne Angst einer Flüchtlingswelle entgegengehen dürfen, ist der, den ich schon bei der Angst vor dem kulturellen Identitätsverlust angeführt habe: Wir (alle, die zu Gottes Volk und damit zu Gott gehören) haben unsere Heimat nicht auf Erden, sondern sind Bürger des Himmels. Unser größter Trost im Leben und im Sterben ist, dass wir „nicht uns selbst gehören, sondern Jesus, unserem Erlöser" (Heidelberger Katechismus, Frage 1). Wir wissen, dass er uns jede Sekunde in seiner Hand hält und wir in seine Gegenwart gehen werden. Das füllt uns hier auf Erden mit Frieden und Freiheit, Zuversicht und Freimut.[46]

„Das Wichtigste für die Gemeinden ist die Gastfreundschaft. Diese Angst vor der Infiltration durch den IS ist Unsinn. Die Kirche ist zur Gastfreundschaft aufgerufen, egal welche Konsequenzen das haben kann. Wenn die Gemeinden für die Flüchtlinge da sind, werden sie der größten Angst vorbeugen, die wir vor den Flüchtlingen haben: ihrer Radikalisierung."

Martin Accad, Arabisches Theologisches Baptistenseminar in Beirut[47]
(über die Situation im Libanon, in dem Flüchtlinge aus Syrien ein Viertel der Bevölkerung ausmachen)

Angst Nr. 4: „Wenn alle diese Fremden hineinströmen, wird es Gemeinde in der Form nicht mehr geben!"

Diese Angst ist absolut berechtigt! Wenn Flüchtlinge und Migranten in unsere monokulturellen Gemeinden kommen, wird sich manches definitiv verändern. Pastoren berichten, wie ihre Gottesdienste chaotischer und emotionaler werden. Ihre Leute beschweren sich über den Geräuschpegel, der alleine schon durch das ständige Gemurmel der Übersetzer herrscht. Einer erzählt, dass die Flüchtlingswelle seine Gemeinde so überrollt hat, dass keine normalen Veranstaltungen mehr stattfinden: „Keiner hat mehr Zeit für Ältestentreffen, selbst die Jugendgruppe findet nicht mehr normal statt, weil jeder mithelfen will. Schließlich kriegt man so eine Chance nur einmal im Leben, dass Muslime in die Gemeinde kommen, die für die erfahrene Liebe so dankbar sind, dass sie zum Glauben an Jesus kommen."

Unsere Mosaikgemeinde in Oberursel (Nr. 3) hat Ähnliches erlebt. Sie waren eine kleine Truppe, ungefähr 35 Leute. Als dann plötzlich in einem ihrer Gottesdienste die 40 iranischen Flüchtlinge auftauchten, kam der ganze Ablauf durcheinander. Menschen, die zwanzig Jahre lang auf dem gleichen Platz gesessen hatten, mussten sich umsetzen, manche sogar auf den Boden. Auf einmal brauchten sie Übersetzer und konnten den fremden, herumlärmenden Kindern noch nicht einmal verständlich machen, dass sie leise sein sollten. Den Kuchen nach dem Gottesdienst hatten die fremden Männer verputzt, bevor die Gemeindemitglieder überhaupt richtig zulangen konnten. Doch in den nächsten Monaten wurden eine ganze Reihe dieser Iraner lebendige Christen. Und als einer von ihnen im Gottesdienst auf Farsi ein eigenes Lied vortrug, in dem er Gottes Gnade und den Erlöser Jesus Christus besang, vergossen einige der langjährigen Mitglieder wahre Freudentränen.

Ein Pastor erzählte mir, wie sehr sie als Gemeinde umdenken mussten. Einer seiner Ältesten hatte sich bei mehreren Mitgliedern der Gemeinde lautstark über die „Überfremdung" durch die vielen Flüchtlinge beschwert. Der Pastor kam ins Nachdenken: „Ich dachte über die Kirche nach. Jesus als Haupt der Gemeinde hat das uneingeschränkte Recht zu entscheiden, wer in seiner Gemeinde dabei ist. Auf einmal wurde mir bewusst, wie sehr wir seine Herrschaft ad absurdum geführt, uns als Herrscher eingesetzt und die Autorität an uns gerissen hatten, die eigentlich ihm gehört. Wir haben Menschen in unsere Gemeinden aufgenommen, als wären wir das Oberhaupt der Kirche und hätten zu entscheiden, wer in unserer Gemeinde was machen darf und wer nicht."

Darauf traf er sich mit dem Ältestenkreis und teilte ihnen mit, wie sehr ihm dieser Kommentar des besagten Ältesten den Stolz und Götzendienst in seinem eigenen Herzen offenbart habe. Das traf alle wie der Blitz. Im gemeinsamen Gebet wurde allen klar, dass sie Gott die Entscheidung darüber überlassen sollten, wer in ihre Gemeinde kommen darf. Gott wollte allein entscheiden dürfen, wie er sie als Gemeinde gebraucht. Sie waren von ihm teuer erkauft; nun sollten sie seinen Willen tun und sich von ihm führen lassen, wie er es wollte.

Muslime werden fasziniert sein von einer Kirche, in der absolute Wahrheit von einer Person verkörpert wird: Jesus Christus.

Innerhalb von drei Jahren veränderte sich die Gemeinde vollkommen: Die bisher durchweg weiße, deutsche Gemeinde wuchs massiv und bestand nun zu zwei Dritteln aus Nichtdeutschen. Der Pastor erzählt: „Wir erleben viele Bekehrungen; jeder ist über das machtvolle Wirken Gottes unter uns begeistert, besonders die Deutschen!"

Unsere Gemeinde gehört uns nicht. Und das ist nur gut so, denn durch die vielen Migranten, besonders aus dem Nahen und Mittleren Osten, bringt Gott die Kirche in der westlichen Welt zurück zu dem, was Gemeinde im Neuen Testament war. Damit meine ich natürlich nicht, dass wir biblische, historisch entwickelte Theologie aufgeben, um mit anderen Religionen auf den kleinsten gemeinsamen Nenner zu kommen und zu einer Kirche zu werden, die alles toleriert und an nichts mehr glaubt. Im Gegenteil: Muslime glauben an absolute Wahrheit und werden sich nie für eine Kirche interessieren, die so etwas ablehnt. Stattdessen werden sie fasziniert sein von einer Kirche, in der absolute Wahrheit von einer Person verkörpert wird: Jesus Christus.

Was ich meine, sind Werte des Neuen Testamentes wie Gastfreundschaft, Gemeinschaft und die Öffentlichkeit des Glaubens, die sich in unserer westlichen Kultur und leider auch in unseren Gemeinden verloren haben, aber von Muslimen oft gelebt werden. Kann es sein, dass Gott Muslime in unsere Gemeinden schickt, um christliche Werte wiederzubeleben, die wir inzwischen verloren haben?[48] Sollen Menschen in unserem Land ihre Gemeinden für die Migranten öffnen, um das zu erleben, was ich in Kapitel 6 den Bumerangeffekt genannt habe?

Kann es sein, dass Gott Muslime in unsere Gemeinden schickt, um christliche Werte wiederzubeleben, die wir inzwischen verloren haben?

Ich meine: Ja. Hier ein paar Beispiele für solche biblischen und urchristlichen Werte:

1. Zuhause und Gastfreundschaft

Die meisten nichtwestlichen Kulturen legen ungeheuren Wert auf das Zuhause als Ort des Friedens und der Zugehörigkeit. So auch die Kulturen des Nahen und Mittleren Ostens und Nordafrikas, aus denen die meisten unserer Flüchtlinge kommen. Deswegen erwartet man in muslimischen Kulturen, dass Gäste und Besucher zu Hause empfangen werden, egal ob sie Freunde oder Fremde sind und der Besuch geplant oder ungeplant ist. Sie sind freundlich zu behandeln und großzügig zu bewirten. Ein guter Gastgeber bleibt selbst hungrig, wenn er dafür den Gast satt bekommt. Menschen, die diese Kultur mit sich bringen, können unserer Fast-Food-Welt nur guttun, in der alles irre schnell gehen muss und jeder nach seinem stressigen Tag die Tür hinter sich zumacht. Damit sind sie nur einen Schritt von der Lehre des Neuen Testaments entfernt, dass Gastfreundschaft mehr ist, als gerne zu kochen oder andere zu unterhalten: Sie macht die

Gastfreundschaft Gottes greifbar, der uns zu sich einlädt und uns mit Gnade sättigt, auch wenn es ihn alles kostet.

2. Gemeinschaft

Muslime machen alles gemeinsam. Sie lieben es, zusammenzusitzen, zusammen zu essen, gemeinsam zur Gemeinde zu gehen und gemeinsam wieder nach Hause zu gehen und dabei heiß miteinander zu diskutieren. Das Kollektiv hat Vorrang vor dem Individuum. Deshalb sind auch liturgische Gottesdienstelemente, in denen wir alle zusammen etwas sprechen, beten oder bekennen, für orientalische und afrikanische Kulturen sehr attraktiv. Menschen aus kollektiven Gesellschaften können der Kirche im Westen helfen, zu dem tiefen Gemeinschaftssinn zurückzukehren, der von der Urgemeinde in Jerusalem gelebt wurde (Apostelgeschichte 2,42-47).

3. Die Öffentlichkeit des Glaubens

Für Muslime ist es ganz normal, in der Öffentlichkeit über Gott zu sprechen. Sie kennen keine Unterscheidung zwischen weltlich-säkularen und geistlichen Dingen. Diese Haltung kollidiert mit unserer Verbannung des Glaubens ins Privatleben. Muslime unter uns werden uns dazu anstoßen, mit unserem Glauben aus unserer privaten Wohlfühlzone herauszutreten und mit anderen über den Heiland der Welt zu sprechen, wo wir auch sind.

Die Ängste überwinden

Der Zustrom so vieler Flüchtlinge und Migranten wird definitiv viel Veränderung mit sich bringen. Aber müssen wir davor Angst haben? Können wir nicht die Chancen darin sehen, Gott vertrauen und ihm erlauben, seine Gemeinde so zu führen, wie *er* es möchte?

Schauen wir uns einmal an, was Pastor Gottfried Martens von der Dreieinigkeitskirche in Berlin-Steglitz erlebt, seit er gegen alle Ängste Flüchtlinge in seine ganz normale Kirchengemeinde einlässt.[49] 2008 bestand die Gemeinde dieses wackeren Lutheraners noch aus zehn aktiven Mitgliedern, alle über 70 Jahre alt. Damals sprach man nicht nur davon, die Gemeinde zu schließen, sondern auch das hundert Jahre alte Gebäude abzureißen. Doch Gott hatte offensichtlich andere Pläne, denn in jenem Jahr standen auf einmal zwei Iraner vor der Tür und baten darum, getauft zu werden, weil sie Christen werden wollten. Martens erfüllte ihnen ihren Wunsch, worauf die beiden weitere Iraner einluden. Drei Jahre lang gaben immer wieder einzelne Iraner ihr Leben Jesus. Dann wurde im Jahr 2012 aus dem kleinen Schneeball eine Lawine und die Gemeinde wuchs rasant auf heute 900 Mitglieder. Drei Viertel davon sind keine Deutschen und haben in den letzten Jahren zu Jesus gefunden.

Doch viele Steglitzer ärgerten sich über die Entwicklung. 2014 begannen Anwohner, der Arbeit der Gemeinde alle möglichen Steine in den Weg zu legen, weil sie diese Invasion von Flüchtlingen als Bedrohung für ihren Stadtteil betrachteten. Zuerst beschwerten sie sich bei den Behörden über die vielen Veranstaltungen. Dann beschuldigten sie die Gemeinde der Lärmbelästigung (weil plötzlich jeden Sonntagmorgen die Orgel zu hören war) und forderten finanzielle Entschädigung, woraufhin die Gemeinde sich bereit erklärte, während der Gottesdienste ihre Fenster zur Straße geschlossen zu halten, auch an heißen Tagen. Als sie ihr jährliches Kinderfestival veranstaltete und dafür Zelte aufbaute, gingen die Nachbarn zur Stadtverwaltung, weil sie befürchteten, dass die Gemeinde ein Flüchtlingslager errichten würde.

Aber Martens blieb dran, obwohl die Arbeit ihn oft an den Rand der Erschöpfung brachte. Er kann nur bestätigen, dass die Aufnahme der Flüchtlinge seine Gemeinde dramatisch verändert hat. Aber die Veränderungen bestehen nicht nur aus Scherereien und Kräfteverschleiß, ständigem Chaos und dem Gefühl, die Kontrolle verloren zu haben. Heute sitzen im Gottesdienst statt zehn alter Leute rund 900 Besucher und die Gemeinde ist voller junger Erwachsener. Statt 60 Minuten dauert der Gottesdienst nun satte drei Stunden und ist nicht mehr so akribisch durchgeplant wie vorher, sondern eine lebendige Mischung aus liturgischen und spontanen Elementen. Nahmen früher heftige Diskussionen um so banale Dinge wie die Farbgestaltung im Gebäude großen Raum ein, versammeln sich nun alle um ihren gemeinsamen Auftrag, Menschen aus anderen Ländern in die Kirche zu integrieren.

In der Gemeinde herrscht eine erstaunliche Harmonie, die Martens nur übernatürlich erklären kann. Besonders spürbar wird sie, wenn nach dem Gottesdienst gemeinsam gegessen wird. Dann gibt es viele herzliche Gespräche und jeder packt mit an. Das geistliche Leben in der Gemeinde hat inzwischen auch viele Deutsche angezogen. Auch aus der Nachbarschaft haben Menschen zur Gemeinde und zu Jesus gefunden, weil sie so fasziniert waren vom Glauben und der Lebensart dieser Menschen aus anderen Kulturen. Martens bestätigt, dass die Gläubigen in Deutschland sehr viel von den verfolgten Christen und der radikalen Ernsthaftigkeit lernen können, mit der die Flüchtlinge den christlichen Glauben annehmen. Ihre Freude über so viele Aspekte des Evangeliums, an die wir uns längst gewöhnt haben, verändert auch unser Leben – zum Guten.

Haben wir Mut, unsere Ängste zu überwinden! Ich sagte ja schon, dass es ein Abenteuer ist, auf das wir uns da einlassen.

Kapitel 12

Frust und Freude im mono/multikulturellen Dienst

„Nichts ist erfüllender als zu erleben, wie Menschen aus Ländern, die für das Evangelium verschlossen sind, bei uns zum lebendigen Glauben an Christus kommen."

Eine Mitarbeiterin

„Lügen, Lügen, sie erzählen einem nichts als Lügen!", beschwerte sich eine Mitarbeiterin bei mir bitterlich. Diese Enttäuschung kenne ich von vielen ehrenamtlichen Helfern. Neben den Ängsten aus dem vorigen Kapitel gibt es eine ganze Reihe weiterer Stolpersteine, die einem die Arbeit mit Flüchtlingen und Migranten schwer machen können. Wer bewusst mono/multikulturell arbeiten will, sollte sich darauf einstellen.

Lügen

Ein befreundeter Christ, der jeden Tag Stunden in die Arbeit mit Flüchtlingen steckt, erzählte mir einmal von dem iranischen Sprichwort: „Wer mit dir über eine Brücke geht, ist so lange dein Freund, bis ihr beide auf der anderen Seite angekommen seid." Das bedeutet, dass der andere dafür da ist, dass man weiterkommt. Auf den ersten Blick fällt uns der krasse Widerspruch zur Lehre Jesu auf, mit jemanden auch die zweite Meile zu gehen, wenn dieser einen darum bittet. Doch eigentlich ist diese Haltung nicht allzu weit von unserer eigenen westlichen Mentalität entfernt, die nach Businessmanier alles daransetzt, auf Kosten anderer voranzukommen.

Es gibt allerdings Kulturen, in denen einem tatsächlich die Lüge als Lebensform beigebracht wird. Wenn Menschen es gewohnt sind, zu lügen, um ihren eigenen Weg zu gehen, bringen sie diese Einstellung in ihr Gastland mit. Zwei entscheidende Punkte bringen die Migranten bei uns zum Lügen: Zum einen kommen sie meistens aus einer Schamkultur statt aus einer Schuldkultur (wie wir sie in Europa infolge des „christlichen Abendlandes" haben). Deshalb lügen sie lieber, anstatt sich oder andere zu beschämen. Außerdem fangen sie hier bei uns ganz unten an, was für viele ebenfalls beschämend ist. Sie sind auf Gedeih und Verderb angewiesen auf die Barmherzigkeit ihres Gastlandes und seiner Bürger. Genehmigungsverfahren und Arbeitssuche erhöhen den Druck, um Sympathien werben zu müssen und einen Eindruck zu erwecken, der so nicht ganz der Wahrheit entspricht. Auf diese Weise wird die Lüge nicht nur zum Lebensstil, sondern auch zum Mittel, das Leben in den neuen Umständen zu verbessern.

Wer sein Leben in einen ihm vollkommen fremden Menschen investiert, kann an dieser Stelle bitter enttäuscht werden. Viele stehen vor dieser Herausforderung, sich für Menschen zu engagieren, ohne zu wissen, wie viel von ihren Geschichten gelogen ist. Sie schenken ihnen ihr Vertrauen und verbringen unzählige Stunden damit, ihnen zu helfen, um dann zu entdecken, dass der Mensch, der vor ihnen sitzt, nicht der ist, als der er sich ausgibt. Es ist schwierig, einem Menschen Erbarmen entgegenzubringen, der einen ständig täuscht.

Doch betrachten wir die Sache einmal aus der Sicht des Flüchtlings: Wenn Jesus noch nicht sein Herz erreicht hat, dann hat er wenig Grund, Christen und ihrer Hilfe zu vertrauen. Auf seiner langen Reise durch Europa musste er ganz für sich alleine kämpfen. Warum sollte er einem jetzt sofort blind vertrauen? Umso schöner ist es, wenn er dann nach allem Traumatischen, das er erlebt hat, zu spüren beginnt, dass man es gut mit ihm meint, und anfängt, einem seine wahre Geschichte anzuvertrauen. Noch bewegender ist es, wenn das Evangelium Jesu das Herz des Flüchtlings so tief greifend zu verändern beginnt, dass er beschließt, mit dem Lügen ganz aufzuhören. Daran können wir erkennen, dass in ihm ein neues Leben begonnen hat. Das zu erleben wiegt viele harten und frustrierenden Stunden ehrenamtlichen Einsatzes auf.

Umgang mit Zeit

Auch das Thema Zeitplanung ist gut für jede Menge Frust, denn auch hier prallen vollkommen unterschiedliche Vorstellungen aufeinander. Pünktlichkeit gehört für die meisten Flüchtlinge nicht zu ihrem Lebensstil. Mit einer Stunde Verspätung zu einem Termin zu erscheinen ist für sie nicht ungewöhnlich. Platzen sie mit ihrer entspannten orientalischen Einstellung in unseren engen westlichen Terminkalender, kann das unsere Planung eines ganzen Tages durcheinanderbringen, weil wir zu allen folgenden Terminen zu spät kommen. Der Flüchtling ist sich einfach nicht bewusst, wie sehr es andere Menschen und ihre Familien betrifft, wenn er nicht auf die Uhr schaut.

Wer neu in unserer Kultur ist, braucht Zeit, sich unserem Umgang mit Zeit anzupassen. Für die ehrenamtlichen Helfer kann die Langsamkeit, Unzuverlässigkeit und zuweilen sogar Lethargie eines Flüchtlings frustrierend sein. Die meisten von ihnen haben in ihren Heimatländern hart und erfolgreich gearbeitet. Aber sind sie erst einmal in einem Flüchtlingslager angekommen, gibt es wenig bis nichts für sie zu tun. Das Leben wird langweilig, oft bedeutungslos.

Psychische Zusammenbrüche

Unserer Erfahrung nach fallen besonders alleinstehende Männer in gewisse Muster von Lethargie und Faulheit. Häufig bleiben sie nachts lange wach, spielen Karten bis zum Morgengrauen und schlafen dann den ganzen Tag. Viele verfallen in der Folge in dauerhafte Lethargie oder Depression. Die Tragödien der Vergangenheit und die gegenwärtige Bedeutungslosigkeit führen zu einem psychologischen Zusammenbruch. Hilfsbereite Christen mögen nun meinen, dass sie einfach nur faul seien, doch in Wirklichkeit sind sie in ein tiefes, schwarzes Loch gefallen.

Rechnen wir mit solchen psychologischen Zusammenbrüchen. Wenn ich mich in die junge Syrerin aus einem Fernsehbericht hineinversetze, die mit ansehen musste, wie IS-Soldaten ihren Mann mitnahmen, um ihm den Kopf abzuschlagen, und ihr Baby mit dem Kopf gegen die Wand schleuderten, kann ich nur sagen: Das würde mich auch in tiefe Depression und Gefühlskälte stürzen und ich könnte keinen Schritt mehr vor den anderen setzen. Gott alleine kann solche offenen Wunden heilen. Auch wenn diese Arbeit für uns häufig frustrierend sein kann: Diese Menschen brauchen unsere Gemeinschaft in den Gemeinden. Sie brauchen christuszentrierte Traumaseelsorge. Wir müssen ihnen unsere Herzen und Türen öffnen und dafür vorbereitet und ausgebildet sein, das Evangelium in ihre traumatische Lebenssituation hineinzusprechen.

> *Auch wenn die Arbeit mit Flüchtlingen frustrierend sein kann: Diese Menschen brauchen unsere Gemeinschaft in den Gemeinden.*

Abkehr vom neuen Glauben

Nichts tut mehr weh als sich monate- oder gar jahrelang für das körperliche Wohlergehen, die seelische Wiederherstellung und das geistliche Heil eines Menschen einzusetzen, ihn über Monate auf die Taufe vorzubereiten, seine alten, zerstörerischen Verhaltensmuster anzusprechen, ihm zu helfen, neue Werte für sich anzunehmen, monatelang die eigene Freizeit zu investieren und viele schlaflose Nächte zu verbringen, um dann zu erleben, wie der andere plötzlich in ein solches schwarzes Loch fällt, Selbstmord androht, sämtliche Hilfe ablehnt und seinen Hass auf Gott offen herausschreit. Plötzlich ist Gott für alles verantwortlich, was er in seiner Heimat verloren hat, und der Glaube nur müder Ersatz dafür.

„Wo ist denn das Gute an deinem Gott?!", schleuderte einmal ein Flüchtling, um den wir uns lange gekümmert hatten, einer Mitarbeiterin an den Kopf und sagte ihr, dass sie aus seinem Leben verschwinden solle, weil sie ihm nicht gutgetan hätte. Das war niederschmetternd, denn sie hatte für ihn gesorgt wie eine Mutter für ihren Sohn.

Menschen können alle Anzeichen einer ehrlichen Bekehrung an den Tag legen und dann doch alles aus heiterem Himmel über Bord werfen. Es gibt viele Gründe, warum Menschen geistlichen Schiffbruch erleiden und ihr Glaube durch die Sorgen dieser Welt erstickt wird. Manche verabschieden sich, weil es einfacher ist, mit jemandem ins Bett zu gehen, als geduldig auf den Partner zu warten, den Gott für einen vorgesehen hat. Andere werfen ihren Glauben weg, weil jemand gestorben ist, der ihnen sehr nahe stand, und sie einen unbarmherzigen Gott dafür verantwortlich machen. Noch andere halten die Disziplin und Regelmäßigkeit nicht durch, die man braucht, um Jesus und seiner Gemeinde treu zu sein.

Wenn wir in einen Menschen viel investiert haben und ihn von Herzen lieben, durchbohrt es unser Herz wie ein Dolch, wenn er Gott wieder den Rücken zukehrt. Es ist traurig, aber wahr: Je mehr Menschen wir zur Wahrheit von Jesus Christus führen, desto mehr Menschen werden auch wieder von dieser Wahrheit abirren (2. Timotheus 2,18). Darin folgen wir den Fußstapfen unseres Herrn, der im entscheidenden Augenblick von Petrus verraten, von Judas ans Messer geliefert und von den anderen im Stich gelassen wurde.

Es gibt genügend Frustpunkte, um manchmal alles hinschmeißen zu wollen. Aber dann schauen wir wieder auf die Menschen, die bei uns Hilfe zum Leben und eine lebendige Beziehung zu Jesus Christus finden. Neulich war ein Iraner bei uns im Gottesdienst. Trotz einer ganzen Stunde Zugfahrt kam er am nächsten Sonntag wieder und brachte gleich sieben seiner Landsleute mit. Dann erklärte er uns: „Nach allem, was sie in unserer Heimat und auf der Reise nach Europa erlebt haben, brauchen sie Liebe von Menschen und Frieden mit Gott. Beides wird bei euch gelebt. Deshalb kommen wir zu euch."

Auch eine Deutsche, die seit einiger Zeit regelmäßig in unsere Gemeinde kommt, offenbarte Susan und mir ihre Hintergründe: „Ich bin lange vor Gott weggelaufen. Jetzt will ich zurück und bin so froh, dass es diese Gemeinde gibt! Dass sie so bereitwillig Menschen aufnimmt, die anders sind, hat auch mir die Hoffnung gegeben, dass alles wieder gut wird." Susan und ich schauten uns an und lächelten. Und dann sagte Susan zu mir: „Für sie und ihre Kinder hat sich der ganze Frust echt gelohnt!"

Auch Pastor Martens aus Berlin-Steglitz (vgl. Kap. 11) hat viel Frust erlebt und viele Tränen vergossen.[50] Nicht nur der endlose Widerstand der Anwohner hat ihn oft um den Schlaf gebracht, sondern auch die intensive Arbeit mit den Flüchtlingen selbst. Oft kommt er erst nachts nach Hause. Ohne die vielen engagierten Ehrenamtlichen wäre die Arbeit gar nicht denkbar. Doch für ihn ist das Abenteuer, diesen Menschen zu helfen und sie zu Jesus zu führen, alle Mühe, Frustration und Erschöpfung wert.

Auch er sieht die Verbindung zu Bonhoeffer: „Wenn wir uns immer nur als Selbstbespaßungs-Verein ansehen, dann haben wir etwas ganz, ganz Entscheidendes verpasst. Oder, mit Bonhoeffer gesprochen: Kirche ist Kirche für andere."[51] Und eine Seniorin erzählt: „Als die ersten Flüchtlinge kamen, habe ich geweint." Auch für sie sind manche Veränderungen anstrengend, z. B. der lange Gottesdienst, aber sie sagt: „Vorher war die Kirche leer, da haben wir gemeckert. Also werde ich mich jetzt ganz bestimmt hüten, zu meckern."[52]

„In Norditalien sind viele sehr verschlossen gegenüber Außenstehenden, sei es politisch, ethnisch oder sozial. Doch der Vater holt seine Gemeinde aus vielen Nationen zusammen. Es ist wunderbar, zu sehen, wie die DNA, den Fremden aufzunehmen, Woche für Woche von unseren einheimischen Familien gelebt wird. Nur der Heilige Geist kann ein solches Werk schaffen, das in dieser Regelmäßigkeit gegen jede kulturelle Prägung die ankommenden Nationen segnet. Wir sind gespannt, was der Herr durch die Erlösung dieser kostbaren Menschen noch entstehen lassen wird – nicht nur durch ihre Aussendung zurück in ihre Heimatländer, sondern auch durch ihre Rückwirkung auf Italien."

Robert Krause (Pastor bei Serenissima Ministries, Italien)

Wie können wir dienen?

Der Dienst an den Fremden bringt viel Frust mit sich, aber auch Freude und Erfüllung. Was können wir tun, um dabei innerlich und äußerlich möglichst gesund zu bleiben?

1. Prüfen Sie immer wieder Ihr Herz: Tun Sie Ihre Arbeit aus Liebe zu Jesus und zum Nächsten oder mischen sich Motive mit hinein wie eine Außendarstellung als vollmächtiger Diener mit dramatischen Bekehrungsgeschichten im Gepäck? Halten wir uns an Galater 6,9: *„Lasst uns aber Gutes tun und nicht müde werden; denn zu seiner Zeit werden wir auch ernten, wenn wir nicht nachlassen."*
2. Achten Sie darauf, positiv, geduldig und nachsichtig auf Migranten wie auf Mitarbeiter zu reagieren. Satan möchte Streit und Uneinigkeit säen. Widerstehen Sie der Versuchung, negativ und überkritisch zu werden.

3. Verbringen Sie jeden Tag echte Qualitätszeit mit der Bibel und im Gebet. Arbeiter an der Front brauchen diese tägliche geistliche Erfrischung und Stärkung. Bleiben Sie nicht wie Marta in der Arbeit hängen, sondern sitzen Sie zu Jesu Füßen und nehmen Sie seine Gegenwart auf (Lukas 10,38-42) – sonst werden Sie die Hitze des Gefechts nicht überleben.
4. Bauen Sie ein gutes Team von positiven, leidenschaftlichen Liebhabern Jesu auf, die auch gerne und viel lachen. Bei der Intensität des Dienstes brauchen Sie Menschen mit positiver Lebenseinstellung um sich herum; geistlich reife Menschen, die Sie immer wieder daran erinnern, nicht alles schwarz zu sehen und Ihre Zunge im Zaum zu halten, und die Ihnen konstruktiv helfen, Ihre geistlichen Gaben weiterzuentwickeln.
5. Sammeln Sie Gebetskämpfer, die täglich für Sie beten. Dies sollten Menschen sein, denen Sie sensible Informationen zum Gebet anvertrauen können. In einem so herausfordernden Dienst kommt man oft in die Versuchung, falsch zu denken, zu handeln oder zu reagieren. In solchen Momenten brauchen Sie Menschen, die im Namen Jesu sagen können: „*Der Satan hat begehrt, euch zu sieben wie Weizen. Ich aber habe für dich gebeten, dass dein Glaube nicht aufhöre*“ (Lukas 22,31-32).
6. Lernen Sie, Menschen zu lieben, die Sie eigentlich nicht so mögen. Sie müssen nicht für jeden warme Gefühle hegen. Besonders in der multikulturellen Arbeit wird man auch Menschen dabeihaben, die man nicht mag. Sie können einen schwierigen Mitarbeiter lieben, indem Sie ihn respektieren, Ihre Zunge im Zaum halten, nett und großzügig sind und Gastfreundschaft üben. Richten Sie Ihren Blick immer auf das große Bild: Es geht nicht um kuschelige Gefühle, sondern darum, Jesus den Menschen bekannt zu machen, die ihn noch nicht kennen.
7. Lernen Sie, schnell zu vergeben. Bringen Sie jede Verletzung zu Jesus und legen Sie sie in seine durchbohrten Hände. Er starb am Kreuz für Ihre Wunden und Narben. Es ist dumm und letztlich

auch eine Form von Unglaube, wenn Sie selbst tragen, was Jesus am Kreuz auf sich genommen hat. Bringen Sie ihre Wunden zu Jesus, bevor Bitterkeit in Ihnen Wurzeln schlagen und damit Ihre Wirkungskraft zerstören kann.

8. Treten Sie Ängsten entgegen. In der Bibel steht tatsächlich 365-mal „*Fürchte dich nicht!*". In den meisten Fällen gibt es keinen wirklichen Anlass zur Sorge, weil Gott souverän ist und immer und zu jeder Zeit ein guter Gott ist.
9. Freunden Sie sich mit dem Chaos an. Wir mögen es, wenn alles vorhersehbar und perfekt organisiert ist. Doch Menschen aus unterschiedlichen Kulturen bringen ihre Sprache und ihre Gewohnheiten mit. Je mehr von ihnen kommen, umso mehr kann unsere Ordnung durcheinandergeraten. Lassen Sie sich nicht davon aus der Ruhe bringen. Chaos bedeutet häufig, dass Gott etwas Neues tut. Entspannen Sie sich, legen Sie Ihren sorgfältigen Zeitplan in seine Hände und lassen Sie ihn sein Werk tun.
10. Achten Sie auf Ihre körperliche und psychische Gesundheit. Die Arbeit mit den Menschen aus anderen Kulturen, die oft auch noch traumatisiert sind, ist so kräfte- und nervenraubend, dass Sie sich mindestens einen Tag in der Woche nur für Entspannung freihalten sollten. Die Flüchtlinge und Migranten müssen lernen, Ihre Grenzen einzuhalten. Stellen Sie klar, wann Sie zur Verfügung stehen und wann nicht. Nehmen Sie sich zusätzlich Urlaubstage. Wenn Sie sich vollzeitig der Flüchtlingsarbeit widmen, überlegen Sie sich, ob Sie nach den ersten zwei Jahren für eine Zeit lang auf eine andere Aufgabe umsteigen, um nicht auszubrennen.
11. Und hier noch ein Hinweis zur Gesundheit anderer: Achten Sie darauf, wie Sie über Gottes Wirken berichten. Wenn Sie sich wünschen, dass Menschen konkret für Ihre Arbeit beten, bedenken Sie, welche sensiblen Informationen Menschen in Gefahr bringen könnten. Das gilt besonders für das Internet: Posten Sie keine Fotos von Flüchtlingen aus Ländern, in denen Christen verfolgt werden. Dazu gehören viele vorrangigen Herkunftsländer und

Regionen der aktuellen Flüchtlingswelle: Iran, Irak, Afghanistan, Syrien, Nordafrika. Ein typisches Beispiel: Eine Christin war über die Muslime, die plötzlich in ihrer Gemeinde in Deutschland auftauchten, derart begeistert, dass sie mit ihrem Smartphone ein Foto machte und auf Facebook postete. Ein völlig harmloses Foto ohne Gesichter, nur Rückenansichten. Doch von rechts ragte ein Jackenärmel eines Flüchtlings in das Foto, woran ein Muslim in Australien die Jacke seines Cousins erkannte und ihn zur Rede stellte. Wir müssen das Leben derer schützen, denen wir dienen.

Es geht um Jesus

Vergessen wir es nie, besonders dann nicht, wenn wir erschöpft oder persönlich verletzt sind: Es geht um Jesus, nur um ihn! Nicht darum, wie wirkungsvoll unser Dienst sein kann oder was andere darüber denken. Nachfolge ist kein Spaziergang, kein bequemes, einfaches, schmerzfreies Leben. Wenn Sie Angst vor dem nächsten Schritt haben, denken Sie daran: Es geht nur um Jesus! Wenn Sie voller Frust, Ärger oder Enttäuschung sind, erinnern Sie sich: Es geht doch um ihn! Wenn Ihnen die Freude vergangen ist, gehen Sie zum Kreuz und Sie sehen sich dort *„mit Christus gekreuzigt; ich lebe, doch nun nicht ich, sondern Christus lebt in mir“* (Galater 2,19-20).

Nachfolge ist kein Spaziergang.

Am Anfang des Jahres (2016) war ich auf einem europaweiten Treffen von Kollegen. Die rasanten Ereignisse der vergangenen Monate hatten mich an den Rand der Erschöpfung gebracht. So kam ich müde und war innerlich kritisch und negativ gestimmt. Manche Aussagen anderer Teilnehmer konnte ich nur als Kritik an meiner Person hören. So arbeitete ich mich an ihren eigentlich harmlosen Bemerkungen ab und suhlte mich im Selbstmitleid wie ein Hund im Schlamm.

Am Sonntagmorgen war ich wütend und verletzt. Ich suchte Gründe, um diese Menschen zu verurteilen, und zog mich innerlich immer weiter zurück. Als der Gottesdienst begann, sang ich die Lieder nicht mit. Ein enger Freund predigte über Freude, aber ich fühlte nichts dergleichen und suhlte mich weiter in meinem Schmerz.

Dann kam Jim, ein älterer Mann, dessen Aufgabe es eigentlich war, uns zum Abendmahl hinzuführen. Stattdessen erzählte er von Antonin Scalia, einem der obersten Richter Amerikas, der vor Kurzem gestorben war. Ich fand, dass das nichts mit dem Tod Christi zu tun hatte, und wurde immer kritischer gegenüber meinem Bruder in Christus. Meine Gedanken verfinsterten sich weiter, als Jim erzählte, dass Scalia einer der großartigsten Richter am Obersten Gerichtshof gewesen war, den die Vereinigten Staaten jemals gehabt hatten, und er mit Sicherheit sehr fehlen würde. Ich konnte in dieser Lobeshymne keinen Sinn erkennen; schließlich sollte Jim uns doch nicht in die amerikanische Politik einführen, sondern an den Tisch des Herrn! Aber er sprach nur immer weiter von der Beerdigung Scalias in einer großen katholischen Kathedrale.

Tausende waren dabei gewesen und Millionen hatten alles im Fernsehen mitverfolgt. Der Sohn von Antonin Scalia, selbst katholischer Priester, hielt die Trauerrede. Jim las uns die Eingangsworte vor:

> *Wir sind heute alle hier versammelt wegen eines Mannes. Ein Mann, der vielen von uns persönlich bekannt war und aufgrund seines Rufes noch vielen anderen bekannt. Ein Mann, von vielen geliebt, von vielen verachtet, bekannt für große Auseinandersetzungen und seine Barmherzigkeit. Dieser Mann ist Jesus von Nazareth.*

In diesem Augenblick wurde alles still in mir. Wir waren wohl alle genauso erstaunt wie damals die Zuhörer bei der Beerdigung. Jim sprach weiter:

Wahrscheinlich habt ihr erwartet, dass der Sohn von Scalia bei diesem Anlass über seinen Vater redet. Aber er richtete die Aufmerksamkeit auf Jesus, seine Kreuzigung und Auferstehung. Für uns und unsere Lebensumstände und Aufgaben gilt genau das Gleiche. Vielleicht fühlst du dich manchmal, als würdest du sterben. In dir ist sämtliche Luft, Energie und Leidenschaft versiegt. Vielleicht meinst du, dass du auch so eine Lobeshymne verdienst für all das Großartige, das du getan hast – oder wenigstens ein wenig mehr Dank und Respekt. Doch Tatsache ist: Es geht nicht um dich oder mich, sondern einzig und alleine um Jesus.

Das traf mich ins Mark. Ich hatte mich auf meinen Schmerz konzentriert und dass mir andere Menschen nicht das gegeben hatten, was mir meiner Meinung nach zustand. Doch dabei hatte ich mein Leben und meine Arbeit als *meinen* Dienst definiert und darüber vollkommen vergessen: Alles das hier dreht sich nicht um mich! Es geht einzig und alleine um Jesus.

Als ich das Brot nahm und den Wein trank, kehrte die Freude in meine Seele zurück.

Epilog

Oktober 2016, Indien

Nur widerwillig war ich der Einladung zweier Kollegen nach Indien gefolgt. „Mein Fokus liegt auf Europa“, hatte ich gesagt, doch Vijay, unser zweiter Pastor in Frankfurt-Nord, der selbst aus Indien stammt, hatte geantwortet: „Dieser mono/multikulturelle Ansatz, dass die Basiskultur der ‚Monos‘ Herzen und Türen für die Kulturen der ‚Multis‘ öffnen soll, ist genau das, was die Gemeinden in Indien hören müssen.“ Dann erzählte er mir, dass er einem einflussreichen Pastor in Indien von dem berichtet hatte, was sich bei uns in Frankfurt entwickelte. Der Mann war begeistert gewesen: „In Indien ist jede Gemeinde umgeben von Muslimen, Hindus, Sikhs und Buddhisten, von den verschiedenen Kasten und Menschen aller Herren Länder – sie müssen die Mosaik-DNA kennenlernen!“

„Ich werde darüber beten“, bot ich als Verzögerungstaktik an, damit Vijays Freund in Indien ein paar Tage Zeit hatte, um sein Interesse an so einem seltsamen Konzept wie „mono/multikulturell“ zu verlieren. Doch die Idee blieb und der Pastor wollte dazu Kollegen aus ganz Indien, Nepal, Bangladesch und Bhutan zusammenbringen.

Als Vijay und ich am *Chandigarh Airport* ankamen, war ich immer noch nicht überzeugt. Auf der halsbrecherischen Taxifahrt durch die völlig verstopften, chaotischen Straßen voller Fahrzeuge, Rikschas, Menschen und Tiere bereute ich meine Zusage zutiefst. Als unser Fahrer uns am nächsten Tag am Hotel abholte, um uns zur Konferenz zu fahren, fragte er: „Und, wie gefällt Ihnen Autofahren in Indien?" „Großartig", antwortete ich, „ich bin bereit zum Sterben".

Doch auf der Konferenz erwartete mich eine riesige Überraschung: Bei der Anmeldung lagen T-Shirts für die über hundert erwarteten Pastoren; auf der linken Brusttasche waren die Worte aufgedruckt: *„Für die Mono/Multi-Kultur"*. Bevor ich überhaupt darüber gesprochen hatte, verbreiteten diese Pastoren den Ansatz schon mit einem T-Shirt!

Anup, der Organisator der Konferenz, stellte mich einer Gruppe von Pastoren vor, die über 2000 Kilometer gereist waren. Sie waren 40 Stunden mit dem Zug unterwegs gewesen, bloß um von mir zu hören, was wir in Frankfurt erlebt hatten! Ich sagte zu ihm: „Wir sind doch nur zehn kleine Gemeinden, zusammen gerade einmal 450 Leute. Warum bringen Pastoren so viel Zeit und Geld auf, um davon zu hören?" Aber Anup lächelte nur und erzählte mir von noch längeren Anreisen.

Dann sprach ich wie verabredet über unseren Weg als Mosaikkirche; über unsere Studentengruppe, die ursprüngliche Vision und ihre bescheidenen Anfänge, über die Weichenstellungen 2012, über die verschiedenen Wege der Multiplikation und wie wir in vielen verschiedenen Momenten deutlich erlebt hatten, dass Gott etwas mit uns vorhatte. Vijay übersetzte die ganze Zeit von Englisch nach Hindi. Ich erzählte weiter von den erstaunlichen Bekehrungen v. a. in den letzten zwei Jahren und dass andere Gemeinden in Deutschland und Europa ganz Ähnliches mit der Flüchtlingswelle erlebten.

Nach einem dreistündigen Monolog setzte ich mich erschöpft, aber dankbar für das Abenteuer der letzten fünfeinhalb Jahre. Es war ganz still und Anup wies die Pastoren an, sich in Gruppen von fünf bis zehn Leuten zusammenzusetzen, um ihre Reaktionen auszutauschen und sich zu fragen, was dies für die Gemeinden in Indien bedeutet. Augenblicklich wurde es lebendig im Raum. Nach einer Dreiviertelstunde ließ Anup die einzelnen Gruppen berichten. Was dann kam, zerstreute meine letzten Zweifel, ob es richtig gewesen war, nach Indien zu kommen.

Ein Pastor einer anglikanischen Diözese berichtete von dem tiefen Eindruck, den meine Schilderungen in seiner Gesprächsgruppe hinterlassen hatten, und schloss mit dem Aufruf: „Geschwister, wenn das in Deutschland passiert, kann es nicht auch in Indien geschehen? Wir müssen diese Vision aufgreifen. Fangen wir an mit mono/multikulturellen Gemeinden!" Großer Applaus brach los.

Einer nach dem anderen stand auf und ich schrieb mir auf, was sie aus ihren Gruppen weitergaben:

„Wir müssen umkehren. Wir haben nicht ernst gemacht damit, das Evangelium den Menschen aus jeder Sprache, Volksgruppe und Nation in unseren Städten weiterzusagen."

„Wir sind gesetzlich und unflexibel und zu Gemeinden für unseresgleichen geworden. Das Evangelium durchdringt unsere Selbstgerechtigkeit und zeigt uns, dass wir nicht anders sind als der schlimmste Mensch einer anderen Religion oder Lebensweise. Das Evangelium beruft uns dazu, diese Menschen zu lieben, anstatt sie zu hassen und zu verurteilen."

„Dies ist Gottes Zeit mit Deutschland! Wir beten, dass er auch unserem Land eine besondere Ausgießung des Geistes gibt."

„Wir sind beeindruckt von der Demut dieser jungen Studenten. Wie sie in das Leben von Fremden, Flüchtlingen und Migranten mit der kleinen Frage eintraten: ‚Wie können wir Deutschen euch unterstützen?' Das müssen wir auch machen, raus aus unserer Wohlfühlzone und rein in das Leben der Fremden."

Der letzte Pastor, der für seine Austauschgruppe sprechen sollte, sagte: „Ich bin schon auf vielen Konferenzen gewesen, aber das hier ist neu. Es klingt wie Erweckung von Gott für die Kirche."

Ich musste an das Treffen im Februar in der Frankfurter Matthäuskirche zurückdenken. Auch hier waren über hundert Pastoren zusammengekommen, die sich eins machten in der Reue über vergangene verpasste Chancen und in der Entschlossenheit, nun auf die Fremden zuzugehen und Menschen jeder Sprache, Hautfarbe und Nationalität in ihre Gemeinden zu integrieren. An dem Tag in Frankfurt fuhren wir mit dem gleichen Gebet in unsere Kirchen und Gemeinden zurück, das auch im März in Rotterdam und im Mai in Athen laut wurde:

„Gott, hilf uns, unsere Herzen und Türen für die Migranten und Flüchtlinge zu öffnen! Jetzt ist die Zeit!“

Anhang

A. Empfohlenes Material

a) Bücher zu Gemeindegründung und interkulturellem Gemeindebau

- Matthias Bartels, Martin Reppenhagen, *Gemeindepflanzung – ein Modell für die Kirche der Zukunft?*, Beiträge zur Evangelisation und Gemeindeentwicklung Bd. 4, Neukirchen 2006 (Neukirchener)
- Timothy Keller, *Center Church Deutsch: Kirche in der Stadt*, Worms 2015 (pulsmedien)
- Jörg Knoblauch, Klaus Eickhoff, Friedrich Aschoff, *Gemeinde gründen in der Volkskirche – Modelle der Hoffnung*, Moers 1992 (Brendow)
- Corinna Meinold, Anja Lerz (Hg.), *Warum wir das schaffen müssen: Flüchtlinge – und was wir als Christen damit zu tun haben*, Moers 2016 (Brendow)
- Johannes Reimer, *Multikultureller Gemeindebau: Versöhnung leben*, Marburg 2011 (Francke)
- Dietrich Schindler, *Das Jesus-Modell: Gemeinden gründen wie Jesus*, Witten 2010 (scm/R. Brockhaus)
- Eide Schwing, *Gemeindegründung praktisch*, Korntaler Reihe Bd. 7, Korntal 2010

b) Bücher zum Islam und zur Arbeit unter Muslimen

- Simone A. Alexander, *Was tun mit Migranten aus Nahost? – Kultur verstehen. Brücken bauen. Sich in gesunder Weise abgrenzen*, Hamburg 2015 (Tredition)
- Christoph Irion (Hg.), *Wer hat Angst vor dem Islam? – Beiträge zu einer aktuellen Debatte*, Holzgerlingen 2015 (Hänssler)

- Benjamin Josi, *Muslimen zum Segen werden: Kommunikation des Evangeliums im islamischen Kontext,* Nürnberg 2016 (VTR)
- Jochen Katz (Hg.), *Über den Glauben reden ... mit Muslimen,* 2. überarb. Aufl.: Marburg 2014 (SMD, vgl.: Jochen Katz [Hg.], *Mit Muslimen über den Glauben sprechen,* Marburg 2002 [Francke Impulse])
- Matthias Knödler, Thomas Kowalzik, Klaus Mulch, Praxisbuch Islam: *Wie Christen Muslimen begegnen können,* Dillenburg/Dortmund 2016 (Christliche Verlagsgesellschaft/Orientdienst – inzwischen Orientierung:M)
- Carl Medearis, *Muslime, Christen & Jesus: Muslime und ihren Glauben verstehen – Beziehungen bauen,* Frontiers 2013
- Christoph Morgner, *Passt der Islam zu Deutschland? Ein Zwischenruf,* Wesel 2016 (MediaKern)
- Nabeel Qureshi, *Allah gesucht – Jesus gefunden,* Dillenburg 2016 (Christliche Verlagsgesellschaft)
- David Shenk, *Christen begegnen Muslimen: Wege zu echter Freundschaft,* Schwarzenfeld 2015 (Neufeld)
- Eberhard Troeger, *Der Islam und die Gewalt,* Gießen 2016 (Brunnen)

Auf Englisch:

- Gerhard Nehls (Hg.), *Your Book and My Book: A topical comparison of the Qur'an with the Bible,* Life Challenge 2016 (Bestellung auch unter: info@lifechallenge.de)
- Christine Schirrmacher, *The Islamic View of Major Christian Teachings: The Role of Jesus Christ, Sin, Faith, Forgiveness – Essays,* The WEA Global Issues Series, Bd. 2, Bonn 2008 (VKW Verlag für Kultur und Wissenschaft/ WEA World Evangelical Alliance)
- Christine Schirrmacher, *Islam and Society: Sharia Law – Jihad – Women in Islam – Essays,* The WEA Global Issues Series, Bd. 4, Bonn 2008 (VKW Verlag für Kultur und Wissenschaft/WEA World Evangelical Alliance)

c) Texte und Broschüren

- *Fremde willkommen! – Die Migration muss aktiv gestaltet werden,* Stellungnahme der Dt. Ev. Allianz (kostenloser Download unter: www.ead.de/nachrichten/nachrichten/einzelansicht/article/fremde-willkommen-die-migration-muss-aktiv-gestaltet-werden.html)
- *Gemeinsam Gott loben,* Theologische Stellungnahme vom AMIN (Arbeitskreis Migration und Integration der Dt. Ev. Allianz) zur Integration von Migranten in unsere Gemeinden (kostenloser Download unter www.ead.de/fileadmin/daten/dokumente/arbeitskreis_amin/GemeinsamGottLoben.pdf)
- *Habt die Fremden lieb: Migranten in D/A/CH,* ein Impulsheft zum Beten und Handeln, Ev. Allianz (kostenloser Download unter: www.ead.de/fileadmin/daten/dokumente/arbeitskreis_amin/Habt_die_Fremden_lieb.pdf)
- *Flüchtlinge willkommen heißen: Ein Praxisheft für Christen,* mit Tipps, wie man Kontakt zu Flüchtlingen aufnimmt (AMIN/Dt. Ev. Allianz und Orientdienst)
- EMO-AKTUELL: kostenlose Zeitschrift der Evangeliumsgemeinschaft Mittlerer Osten (5x/Jahr); Dowloads der Artikel zu Themenbereichen wie „Islam und christlicher Glaube“ oder „Gesellschaft und Integration“ unter: www.emo-wiesbaden.de/index.php?id=downloads
- *Muslimen begegnen:* Broschüre zum Aufbau von Kontakten und Gesprächen über den Glauben (kostenloser Download oder Bestellung unter: www.reachacross.de)

d) Glaubenskurse für Migranten

Auf Arabisch:

- ***Al Massira,*** 13 Einheiten mit DVD-Kurzfilmen, www.almassira.org oder www.almassira.de, Kontakt: info@almassira.org bzw. al-massira.germany@web.de (besonders geeignet für Menschen aus der arabischen Welt, Arabisch mit engl. Tonspur und dt. Untertiteln – weitere Sprachen in Vorbereitung)

- ***Interkultureller Glaubenskurs,*** Einführung in den christlichen Glauben auf Arabisch/Deutsch/Englisch (Badische Landeskirche), www.interkulturellerglaubenskurs.de

Auf Farsi:

- ***Handreichung zum Taufunterricht Deutsch/Persisch*** (Iraner-Seelsorge der Landeskirche Hannover), www.iranerseelsorge.landeskirche-hannovers.de/Handreichung-zum-Taufunterricht-deutsch-persisch
- ***Glauben wagen,*** persisch-deutscher Glaubenskurs (Bund ev.-freikirchlicher Gemeinden), shop.oncken.de/glauben-wagen-1.html
- ***Interkultureller Glaubenskurs,*** Einführung in den christlichen Glauben auf Farsi/Deutsch/Englisch (Badische Landeskirche), www.interkulturellerglaubenskurs.de
- ***Ein Gott, ein Weg,*** ein kleiner Glaubenskurs, erhältlich bei www.orientierung-m.de

Auf Türkisch:

- ***„Emmaus Yolunda"*** (dt. „Bist du der Einzige, der nicht weiß, was geschehen ist?"), auch auf Kurdisch-Sorani und Arabisch, von New Tribes Mission, www.deutschland.ntm.org
- ***Alphakurs* auf Türkisch,** nicht kulturell angepasst, dafür 1:1 in Verbindung mit dem dt. Material einsetzbar; Bezug und Infos zu weiteren türkischen Glaubens- und Bibelkursen bei www.orientierung-m.de. Der Alphakurs ist auch in weiteren Sprachen erhältlich, z. B. Persisch, Arabisch, Englisch und Albanisch, alphakurs.de/alpha-jugend/toolbox/kursmaterial-shop.

e) Digitale Ressourcen: Online-Bibeln, Filme und Apps

- www.bibleserver.com: Online-Bibeln u. a. in Deutsch, Englisch, Arabisch, Farsi und Türkisch (ERF)
- www.e-bibel.com/de: Online-Bibeln und biblische Geschichten für Flüchtlinge in Deutschland (New Neighbour)
- bibelundkoran.com: Erklärungsvideos für deutschsprachige Muslime; auch als Youtube-Kanal
- www.inyourlanguage.org: Online-Bibeln, Apps, Jesusfilm etc. in fast 150 Sprachen (englisch)
- www.renewoutreach.com/get-media: englischsprachige Website von *Renew Outreach,* umfassende Übersicht über evangelistisches Material, z. B. Jesusfilm in 1300 Sprachen und Dialekten
- www.bridgingfaiths.org/resources.html: englischsprachige Website von *Bridging Faiths – Understanding Islam;* Infos über den Islam, Übersicht über Bücher, DVDs, Online-Workshops etc.
- biblebox.org: englischsprachiger offener WLAN-Hotspot (ideal für den Einsatz in Cafés oder in der Nähe von Flüchtlingseinrichtungen)
- 5fish.mobi: App für evangelistische Videos (über 6000 Sprachen und Dialekte)

f) Digitale Ressourcen: Arbeit mit Flüchtlingen, Sprachkurse und Lernhilfen

- Die Deutsche Bundesregierung hat die ***Ankommen-App*** entwickelt, mit Teilen des offiziellen Deutschkurses und vielen praktischen Hilfen für den Alltag in Deutschland: play.google.com/store/apps/details?id=de.br.ankommen.
- Die Sprachlern-App ***Iconary*** schafft den Zugang zur Sprache mit Bildern, die Erwachsenen und Kindern erste Vokabelkenntnisse ermöglichen (Deutsch, Englisch, Französisch, Spanisch und Italienisch), iconary.eu.

- **Campus für Christus** bietet auf der Website www.welcome-deutschland.de auf Deutsch, Englisch, Arabisch und Farsi Infos für Flüchtlinge (Asylrecht, Landeskunde etc. sowie über den christlichen Glauben: Jesusfilm u. a.).
- **Wycliff** bietet für die Arbeit mit Flüchtlingen Deutschkurse und vieles weitere Material an (wycliff.de/fluechtlinge).
- Das multimediale Projekt **Welcome – Was Christen glauben** bietet das gleichnamige Buch (von Roland Werner, auf Deutsch, Englisch, Arabisch, Farsi und Serbisch) und die Website unter www.erf.de/online, die dazugehörige App mit Videos zum Buch auf www.get-welcome.de und unter bundes-verlag.net/aktion/welcome kostenlose Verteilmagazine.
- **VisioM** entwickelt einen „Flüchtlingsbegleiter"; Infos über den Stand der Dinge unter visiom.org/medien/medien.html oder deutschland-begleiter.de.

B. Kontakte

- **AMIN** *(Arbeitskreis Migration & Integration* der Ev. Allianz Deutschland), www.amin-deutschland.de, Kontakt: 01577 9298238 oder amin@ead.de
- **Barnabas-Initiative** (Workshops zum Erreichen von Muslimen), Kontakt unter info@barnative.de
- **CMP** *(City Mentoring Programm)*, www.citymentoring.de, Mentoring und Assessment für Gemeindegründer (vgl. Kap. 2)
- **DMG** *(Damit Menschen Gott begegnen* – früher *Deutsche Missionsgemeinschaft)*, www.DMGint.de, Kontakt: 07265 959-0 oder Kontakt@DMGint.de
- **EMO** *(Evangeliumsgemeinschaft Mittlerer Osten):* www.emo-wiesbaden.de, Kontakt unter 0611 403995 oder info@EMO-Wiesbaden.de
- **Frontiers,** www.frontiers.de, Kontakt: 05372/97239-0 oder info@frontiers.de
- **Jesus unites** *(Christen aus aller Welt erreichen gemeinsam Deutschland mit dem Evangelium)*, www.jesus-unites-mitte.de
- **MissionMosaik,** www.missionmosaik.org
- **Orientierung: M** (vorher EAD/Evangelischer Ausländerdienst und Orientdienst), www.orientierung-m.de, bietet auch kostenlose Beratung an; Kontakt: 0231 586949-0 oder info@orientierung-m.de
- **ReachAcross** *(Helping Muslims Follow Jesus)*, www.reachacross.de, Kontakt: 06403 7759759 oder info.de@reachacross.net
- **Wycliff** *(Sprachforschung, Schulbildung, Bibelübersetzung)*, wycliff.de, Kontakt: 02736 2970

C. Das Mission Statement von MissionMosaik

Dieses Mission Statement wurde in den Monaten nach dem Treffen in der Matthäuskirche im Februar 2016 von einigen der ersten Unterstützer zusammengestellt. Es soll die Zielbestimmungen von Gemeindeverbänden und Missionsgesellschaften nicht ersetzen, sondern ergänzen und dazu anregen, seine Grundzüge mit aufzunehmen, um ihre Arbeit an das anzuschließen, was Gott im 21. Jahrhundert tut: die Errichtung der „Kirche für andere", das Haus der Erlösung in Person und Werk Jesu für alle Nationen, Sprachen und religiösen Hintergründe.

MissionMosaik

❖ Der Auftrag

MissionMosaik ist eine Gemeindebewegung, die wahrnimmt, dass wir in einem besonderen Augenblick von Gottes Mission leben. Wir setzen uns ein für die Erlösung aller Volksgruppen und für interkulturelle Versöhnung zwischen Einheimischen, Migranten und Flüchtlingen durch die Kraft des Evangeliums – in unseren Gemeinden, überall in Europa und darüber hinaus.

❖ Grundwerte

Im Dienst für und in der Zusammenarbeit mit allen Denominationen rufen wir alle Gemeinden dazu auf, sich Gottes Auftrag an und durch die Ortsgemeinde anzuschließen. Dieser Auftrag hat folgende geistliche DNA:

1. Interkulturell

Wir möchten helfen, neue Gemeinden und Initiativen zu gründen und bestehende Gemeinden dahin umzuwandeln, dass sie absichtsvoll interkulturell werden. Wir glauben, dass jedes Gemeindemitglied der Basis-Kultur (mono) offen dafür sein sollte, sein Herz, sein Zuhause und die Gemeinschaft in der Gemeinde zu öffnen, um Menschen willkommen zu heißen und ihnen zu dienen, die Gott aus jeder Sprache und kulturellen Gruppe schickt (multi). *Wir rufen die mono/multikulturelle Gemeinde als den neuen Normalzustand der heutigen Kirche aus.*

2. Durch das Evangelium motiviert

Wir ordnen uns der Bibel als Gottes Wort und unfehlbarer Autorität für Glaube und Leben unter. Wir wollen die Bibel in ihrer theologischen Tiefe und Christuszentriertheit immer besser kennenlernen, lehren und verkündigen. Der gesamte Inhalt der Bibel kann als das Evangelium beschrieben werden, die Gute Nachricht von Jesus Christus. Gott rettet uns durch das Evangelium. Jesus befreit uns durch das Evangelium. Der Heilige Geist formt uns durch das Evangelium. Wir rufen die Gemeinde auf, in jedem Aspekt ihres Handelns aus dem Evangelium zu leben.

3. Missional

Wir glauben, dass der Heilige Geist Gottes den Auftrag hat, Menschen aus allen Nationen und Religionen in die Erlösung Gottes durch Jesus Christus als Erlöser zu rufen. Deshalb betrachten wir unser Land und unser direktes Umfeld als das Missionsfeld für jede Gemeinde. Unsere missionale Ausrichtung führt uns in viel und beständiges Gebet für viele Bekehrungen und ein geistliches Erwachen unseres Landes in unserer heutigen Zeit. *Wir rufen alle Gemeinden auf, ihre Strukturen und Dienste bewusst an dieser Erfüllung des Auftrags unseres Herrn auszurichten und „hinzugehen und alle Nationen zu Jüngern zu machen", seien es Einheimische, Migranten oder die Flüchtlinge, die Gott zu uns geführt hat.*

4. Multiplikativ

Als Gemeinden, die sich Gott in seinem Auftrag anschließen, dienen wir in dem Bewusstsein, dass Gemeinden nicht notwendigerweise groß werden müssen, sondern viele werden sollen. Multiplikation geschieht mit der Mosaik-DNA auf viele unterschiedliche Weise und Formen, damit jeder Bereich unserer Gesellschaft mit dem Evangelium erreicht wird. *Wir rufen Gemeinden auf, Jünger auszubilden, die wieder Jünger hervorbringen, Leiter, die sich wieder in andere Leiter multiplizieren, und Gemeinden, die weitere Gemeinden gründen.*

D. Das Vaterunser in vielen Sprachen

Deutsch

„Vater unser im Himmel, geheiligt werde Dein Name. Dein Reich komme. Dein Wille geschehe, wie im Himmel so auf Erden. Unser tägliches Brot gib uns heute. Und vergib uns unsere Schuld, wie auch wir vergeben unseren Schuldigern. Und führe uns nicht in Versuchung, sondern erlöse uns von dem Bösen. Denn Dein ist das Reich und die Kraft und die Herrlichkeit in Ewigkeit. Amen."

Englisch

„Our Father in heaven, hallowed be your name. Your Kingdom come, your will be done, on earth as it is in heaven. Give us this day our daily bread. Forgive us our sins, as we forgive those who sin against us. Lead us not into temptation, but deliver us from evil. For the kingdom, the power and the glory are yours. Now and forever. Amen."

Französisch

„Notre Père, qui es aux cieux, que ton nom soit sanctifié, que ton règne vienne, que ta volonté soit faite sur la terre comme au ciel. Donne-nous aujourd'hui notre pain de ce jour. Pardonne-nous nos offenses, comme nous pardonnons aussi à ceux qui nous ont offensés. Et ne nous soumets pas à la tentation, mais délivre-nous du mal, car c'est à toi qu'appartiennent le règne, la puissance et la gloire, aux siècles des siècles. Amen."

Spanisch

„Padre nuestro, que estás en el cielo, santificado sea tu nombre; venga a nosotros tu reino; hágase tu voluntad, como en el cielo, así tambien en la tierra. Danos hoy nuestro pan de cada día; perdona nuestras pecados, como también nosotros perdonamos a los que nos ofenden; no nos dejes caer en la tentación, y líbranos de todo mal. Tuyo sea el reino, el poder y la gloria por siempre. Amén.“

Russisch

„Отче наш, сущий на небесах! Да святится имя Твое; Да приидет Царствие Твое; да будет воля Твоя и на земле, как на небе; Хлеб наш насущный дай нам на сей день; И прости нам долги наши, как и мы прощаем должникам нашим; И не введи нас в искушение, но избавь нас от лукавого. Ибо Твое есть Царство и сила и слава вовеки. Аминь.“

Koreanisch

„하늘에 계신 우리 아버지 아버지의 이름이 거룩히 빛나시며 아버지의 나라가 오시며 아버지의 뜻이 하늘에서와 같이 땅에서도 이루어지소서. 오늘 저희에게 일용할 양식을 주시고 저희에게 잘못한 이를 저희가 용서하오니 저희 죄를 용서하시고 저희를 유혹에 빠지지 않게 하시고 악에서 구하소서. 주님께 나라와 권능과 영광이 영원히 있나이다. 아멘.“

Chinesisch

„我們在天上的父, 願人皆尊父的名為聖; 願父的國降臨, 願父的旨意行在地上, 如同行在天上。求父賜給我們今天之飲食。求父寬恕我們的過錯, 如同我們寬恕別人的過錯。不要教我們遇見引誘, 教我們脫離兇惡; 因為國度, 權柄, 榮耀, 皆屬於父, 直到永遠。阿門“

Persisch

ای پدر آسمانی، نام تو مقدس باد پا دشاهی تو بیاید، اراده تو همانطور که در آسمانها اجرا می شود در زمین نیز اجرا گردد، نان روزانه ما را امروز به ما بده خطا یای ما را ببخش، ما نیز کسانی که بر ما خطا کرده اند بخشیده ایم، ما را از وسوسه ها دور نگه دار از شریر حفاظت کن، پادشاهی و قدرت و جلال تا ابد از آن تو است . آمین

Arabisch

أَبَانَا الذِي فِي السَّمَاوَاتِ، لِيُقَدَّسَ اسْمُكَ. لِيَأْتِ مَلَكُوتُكَ، لِتَكُنْ مَشِيئَتُكَ فِي الأَرْضِ كَمَا السَّمَاءِ. ارْزُقْنَا خُبْزَنَا كَفَافَ يَوْمِنَا، وَ اعْفُ عَنْ خَطَايَانَا، فَإِنَّنَا نَعْفُو عَمَّنْ يُخْطِئُونَ بِحَقِّنَا. لاَ تُعَرِّضْنَا لِلغِوَايَةِ، بَلْ نَجِّنَا مِنَ الشِّرِيرِ. فَلَكَ المَلَكُوتُ وَ الجَبَرُوتُ وَ المَجْدُ أَبَداً. آمين

Twi

„Yɛn Yɛn Agya a wowɔ soro, wo din ho ntew. W'ahenni mmra. Nea wopɛ nyɛ asase so, sɛnea ɛyɛ ɔsoro. Ma yɛn, yɛn daa aduan nnɛ, na fa yɛn aka firi yɛn, sɛnea yɛde firi wɔn a wɔde yɛn aka. Na mfa yɛn nkɔ schwɛ mu. Na yi yɛn fi bɔne mu. Na wo na ahenni ne ahoɔden ne anunonyam yɛ wo dea daa. Amen."

Tigrinya

„ንስኻትኩምሲ ኸምዚ ኢልኹም ደኣ ጸልዩ፡ ኣብ ሰማያት እትነብር ኣቦና፡ ስምካ ይቀደስ።መንግስትኻ ትምጻእ። ፍቓድካ ኸምቲ ኣብ ሰማይ፡ ከምኡ ድማ ኣብ ምድሪ ይኹን።ናይ ዕለት እንጌራና ሎሚ ሃበና።ንሕና ንዝበደሉና ኸም ዝሐደግናሎም፡ በደልና ሕደገልና።ካብ ክፉእ ኣድሕነና እምበር፡ ናብ ፈተና ኣይተእትወና። መንግስትን ሓይልን ክብርን ንዘለኣለም ናትካ እዩ እሞ፡ እሜን።"

Handzettel für das Vaterunser und für das Apostolische Glaubensbekenntnis in vielen Sprachen (www.brunnen-verlag.de/mission-mosaikkirche.html).

E. Das Glaubensbekenntnis in vielen Sprachen

Deutsch

„Ich glaube an Gott, den Vater, den Allmächtigen, den Schöpfer des Himmels und der Erde. Und an Jesus Christus, seinen eingeborenen Sohn, unsern Herrn, empfangen durch den Heiligen Geist, geboren von der Jungfrau Maria, gelitten unter Pontius Pilatus, gekreuzigt, gestorben und begraben, hinabgestiegen in das Reich des Todes, am dritten Tage auferstanden von den Toten, aufgefahren in den Himmel; er sitzt zur Rechten Gottes, des allmächtigen Vaters; von dort wird er kommen, zu richten die Lebenden und die Toten. Ich glaube an den Heiligen Geist, die heilige christliche Kirche, Gemeinschaft der Heiligen, Vergebung der Sünden, Auferstehung der Toten und das ewige Leben. Amen."

Englisch

„I believe in God the Father, Almighty, Maker of heaven and earth. And in Jesus Christ, his only begotten Son, our Lord, who was conceived by the Holy Spirit, born of the Virgin Mary, suffered under Pontius Pilate; was crucified, dead and buried. He descended into hell. The third day he rose again from the dead. He ascended into heaven, and sits at the right hand of God the Father Almighty. From thence he shall come to judge the living and the dead. I believe in the Holy Spirit, the holy universal church, the communion of saints, the forgiveness of sins, the resurrection of the body, and the life everlasting. Amen."

Französisch

„Je crois en Dieu le Père tout-puissant, Créateur du ciel et de la terre. Je crois en Jésus-Christ, Son Fils unique, notre Seigneur, Qui a été conçu du Saint Esprit et qui est né de la vierge Marie, il a souffert sous Ponce-Pilate, il a été crucifie, il est mort, il a été enseveli, il est descendu aux enfers, le troisième jour il est ressuscité des morts. Il est monté au ciel, il siège a la droite de Dieu le Père tout-puissant, Il viendra de là pour juger les vivants et les morts. Je crois en l'Esprit-Saint. Je crois à la sainte Eglise universelle, à la communion des saints, à la rémission des péchés, à la résurrection de la chair, et à la vie éternelle. Amen."

Spanisch

„Creo en Dios Padre todopoderoso, Creador del cielo y de la tierra. Creo en Jesucristo, su único Hijo, nuestro Señor; que fue concebido por obra y gracia del Espíritu Santo, nació de la virgen María; padeció bajo el poder de Poncio Pilato, fue crucificado, muerto y sepultado; descendió a los infiernos, al tercer día resucitó de entre los muertos; subió a los cielos y está sentado a la diestra de Dios Padre; desde allí ha de venir a juzgar a los vivos y a los muertos. Creo en el Espíritu Santo; la santa iglesia cristiana, la comunión de los santos; el perdón de los pecados; la resurrección de los muertos; y la vida eterna. Amén."

Russisch

„Верую в Бога, Отца Всемогущего, Творца неба и земли, И в Иисуса Христа, Единственного Его Сына, Господа нашего, Который был зачат Святым Духом, рождён Девой Марией, страдал при Понтии Пилате, был распят, умер и погребён, сошёл в ад, в третий день воскрес из мертвых, восшёл на небеса и восседает одесную Бога Отца Всемогущего, оттуда придёт судить живых и мертвых. Верую в Святого Духа, Святой Христианской Церкви, общение святых, прощение грехов, воскресение тела, жизнь вечную. Аминь."

Persisch

من ایمان دارم به خداي پدر قادر مطلق، خالق آسمان و زمين، و به پسر يگانة او خداوند ما عيسي مسيح كه به واسطة روح القدس در رحم قرار گرفت و از مريم باكره متولد شد و در

حکومت پنطیوس پیلاطس الم کشید و مصلوب شده بمرد و مدفون گردید، و به عالم ارواح نزول کرد و در روز سوم از مردگان برخاست، به آسمان صعود نموده و به دست راست خداي پدر قادر مطلق نشسته است و از آنجا خواهد آمد و زندگان و مردگان را داوري نماید و من ایمان دارم به روح القدس و به کلیساي مقدس جامع و به شرکت مقدسین و به آمرزش گناهان و به قیامت ابدان و به حیات جاودان. آمین

Twi

„Migye Agya Onyankopɔn a ɔyɛ nneɛma nyinaa so Tumfo ɔ ne ɔsoro ne asase yɛfo no midi. Migye ne ba a ɔwoo no koro no, Yesu Kristo a ɔyɛ yɛn Awurade no midi; ɔno na w ɔde Honhom Kronkron na enyinsɛn no, Na ɔbaabun Maria woo no; Na ohuu amane Pontio Pilato bere so, Na wɔbɔɔ no fam asɛndua ho, na owui, na wosiee no; Na osian kɔɔ asaman, na ne nnansa so no ɔsɔre fii awufo mu; Na ɔkɔ ɔ soro; ɛhɔ na ɔte n'agya Onyankopɔn, Nneɛma nyinaa so tumfoɔ no nifa; ɛhɔ na ofi bɛba abebu ateasefo ne awufo ntɛn. Migye Honhom Kronkron ne Kristofo Asafo Kronkron a ɛyɛ biako wɔ mmaa nyinaa a ahotefo wɔ mu ayɔnkofa Ne bɔne fafiri ne honam sɔre ne daa nkwa, midi. Amen."

Chinesisch

„我信全能者天主圣父，化成天地。我信其唯一圣子、耶稣基利斯督我等主。我信其因圣神降孕，生於玛利亚之童身。我信其受难，於般雀比拉多居官时，被钉十字架，死而乃瘗。我信其降地狱，第叁日自死者中复活。我信其升天，坐於全能，者天主圣父之右。我信其日後从彼而来，审判生死者。我信圣神。我信有圣而公教会，诸圣相通功。我信罪之赦。我信肉身之复活。我信常生。阿们 "

Fehlt deine Sprache? – Gib uns Bescheid:
www.mosaikkirche.de

F. Anmerkungen

1 Estefania Arrazola, Lionel & Naemi Bendobal, Kevin & Christina Butzbach, Siggi Dannat, Tirza Eberle, Denis Grams, Stephan Hoch, Sebastian & Judith Kapteina, Thomas Keil, Alena Knauff, Jason Lim, Daniel Lanz, Marie Susann Martel, Albrecht Meinig, Rebekka Peise, Evelyn Reimer, Joel Schäfer, Esther Sidoruk, Kathi Steinhauer, Ben Trakle, Mira Wiessalla und Thomas Woelki.

2 Mehrere Studien untersuchen das genaue Verständnis von Bonhoeffers „Kirche für andere". Auch wenn Bonhoeffer die Kirche seiner Zeit dazu aufrief, ihren gesamten Besitz den damals Notleidenden, Gejagten und Unterdrückten zu geben, dachte er nicht daran, Kirche mit Gesellschaft zu verschmelzen oder sie in ihr aufzulösen. Christian Schwark verweist in *Gottesdienste für Kirchendistanzierte* (Wuppertal 2006, TVG R. Brockhaus, S. 74) auf eine Studie von Ernst-Albert Scharffenorth, wonach Bonhoeffers „Kirche für andere" die Volksmission mit einschloss, also die Mission unter Menschen außerhalb der Kirche, die sich von ihr entfremdet hatten („Kirche für andere – Bonhoeffers Entwurf zu einer Kirchenreform nach dem Ende des NS-Regimes", in: *Dietrich Bonhoeffer, „Kirche für andere" – Aufnahme und Umgang in den Kirchen bis 1989 und heute,* ESG Essen (Hg.), Essen 1996, S. 7–31). Bonhoeffer wurde von einer berühmten Rede Johann Hinrich Wicherns von 1848 beeinflusst, der vom kirchlichen Auftrag der „Inneren Mission" sprach und sie als „Kirche hin zum Volk" beschreibt („Kommen die Menschen nicht in die Kirche, so muss die Kirche zu den Leuten kommen") – eine Kirche für alle Menschen. Hans-Arved Willbergs Studie zur Ekklesiologie Bonhoeffers („Das Gemeindeverständnis Dietrich Bonhoeffers" in: Hans-Arved Willberg, Wilhelm Faix, Reinfried Gableske, *Einer von uns? – Evangelikale Beiträge zu Theologie und Leben Dietrich Bonhoeffers,* Nürnberg 2006, VTR, S. 78–121) half mir, die Beziehung zwischen Wichern und Bonhoeffers Konzept der „Kirche für andere" zu verstehen. Meine Gedanken wurden von Willbergs abschließenden Ausführungen tief geprägt, der in Bon-

hoeffers Konzept sein „theologisches Vermächtnis“ und einen „Eckstein“ einer Ekklesiologie im Sinne Wicherns sieht und schließt: „Die Weiterarbeit wartet noch darauf, getan zu werden. Vielleicht kommt nun durch die Not wieder eine Nötigung zu Praxis und Reflexion auf uns zu“ (S. 119). Die Kirche ist die offene Tür zum Herzen Christi für Menschen, die anders sind als die „normalen“ Einheimischen, egal aus welcher Kultur, Subkultur oder Nationalität. Die „Kirche für andere“ stellt sich bereitwillig dem Bösen in der Welt entgegen, spricht für die Unterdrückten und bezieht Menschen und Nationalitäten ein, die „anders“ sind.

3 Siehe z.B. die von Mechtild M. Jansen und Helga Nagel herausgegebenen Sammelbände *Religion und Migration* (Frankfurt 2007, Amt für multikulturelle Angelegenheiten der Stadt Frankfurt am Main) und *Religion, Migration und Gesellschaft* (Frankfurt 2010, Hessische Landeszentrale für politische Bildung und Amt für multikult. Angelegenheiten der Stadt Frankfurt).

4 Ein Beispiel für konkrete Kernwerte findet sich unter www.mosaik-nord.de/deutsch/%C3%BCber-uns/unsere-vision-und-kernwerte.

5 Diese vier Kernbegriffe finden sich auch später im Mission Statement für MissionMosaik wieder, vgl. Kap. 4 und den Abdruck im Anhang.

6 Die Gemeinde im Nordosten hatten Susan und ich mit vier Ehepaaren 2008 gegründet. 2010 hatte ich die Leitung niederlegen müssen, als ich einen massiven Herzinfarkt erlitt. Ein Ehepaar, das an der FTH studiert hatte, übernahm die Leitung bis zur Entscheidung, diese Arbeit unter das Dach der Kirche für alle Nationen zu stellen. Für Susan und mich war dieser Schritt ein schöner Zusammenschluss mit der ehemaligen Gemeindegründung.

7 Name geändert.

8 Name geändert.

9 Name geändert.

10 Mehr zu Fresh X unter freshexpressions.de (deutschsprachige Website) oder bei Michael Moynagh, *Fresh Expressions of Church: Eine Einführung in Theorie und Praxis,* Gießen 2016 (Brunnen), außerdem die Beiträge von Michael Herbst, z. B. „Wir brauchen auch in Deutschland ‚fresh expressions of church‘!“, in: *Gemeindepflanzung – ein Modell für die Kirche der Zukunft?,* Matthias Bartels/ Martin Reppenhagen (Hg.),

Neukirchen 2006, S. 204–217, und „Fresh Expressions of Church – made in Germany?“, in: *Gemeinde im Kontext: Neue Ausdrucksformen gemeindlichen Lebens,* Christiane Moldenhauer/ Georg Warnecke (Hg.), Neukirchen 2012, S. 83–96.

11 Von Norden (Gießen) nach Süden (Darmstadt).

12 Zu den unterschiedlichen Modellen von Gemeindegründung vgl. das *Handbuch zur urbanen Gemeindegründung* von Timothy Keller und J. Allen Thompson (Worms 2012, pulsmedien), mit dem wir von Anfang an viel gearbeitet haben.

13 Das *City-Mentoring-Programm (CMP),* vgl. www.citymentoring.de/ueber-uns.

14 Vgl. die Ausführungen von Timothy Keller in *Center Church Deutsch: Kirche in der Stadt,* Gießen ²2017 (Brunnen/edition pulsmedien), S. 40–90, besonders ab S. 87, und die Kommentierung von Michael Herbst im dazugehörigen „Vorwort zur deutschen Ausgabe“, S. 10.

15 Tyndale Momentum, 2016.

16 Edition Körber-Stiftung, Hamburg 2015.

17 www.missionmosaik.com.

18 *Multikultureller Gemeindebau: Versöhnung leben,* Marburg 2011 (Francke). Für eine genauere Betrachtung vgl. auch die Differenzierung im Hebräischen auf verschiedene Begriffe für den „Fremden“, die Kerstin Schmidt in ihrem Artikel anführt: „Migration – Chance oder Bedrohung?“, Reihe: Forum Ethik – Impulse zur Orientierung (Texte zur Diskussion Nr. 37), Institut für Ethik & Werte, Gießen 2016.

19 Mehr zu einer „Theologie des Fremden“ bei Roland Werner, „Der Gott der Flüchtlinge – eine Spurensuche zum Thema Flucht, Flüchtlinge und Heimatsuche in der Bibel“, in: Corinna Meinold/Anja Lerz (Hg.), *Warum wir das schaffen müssen: Flüchtlinge – und was wir als Christen damit zu tun haben,* Moers 2016 (Brendow), S. 162–167. Vgl. auch Johannes Reimer, *Interkultureller Gemeindebau,* S. 32–49.

20 Vgl. auch Johannes Reimer, *Interkultureller Gemeindebau,* S. 49–50. Er verweist auf Studien, die zeigen, „dass das Festhalten an dem Prinzip der homogenen Einheit massiv zu der Vertiefung ethnischer Probleme in den USA beigetragen hat“ (S. 50).

21 In: *Center Church Deutsch*, S. 210.

22 Vgl. 1. Timotheus 3,1-14 und 5,18; dazu Titus 1,5-9 und 1. Petrus 5,1-5.

23 Hier verdanke ich meiner Freundin Sue Holm sehr viel, die als Expertin für Interkulturelle Kommunikation arbeitet und uns bei unseren Seminaren und Konferenzen unterstützt.

24 Vgl. die Forschung von Bill Hybels und Willow Creek.

25 Nach „Ein Sofa für eine Nacht", in: Meinold/Lerz, *Warum wir das schaffen müssen,* S. 140–150 (hier: S. 144–146).

26 In unseren Mosaik-Gottesdiensten verwenden wir unterschiedliche liturgische Traditionen, diese angelsächsische ist also nur ein Beispiel.

27 Wir sagen „Jesu Leib/Blut" statt „Christi Leib/Blut", weil der lateinische Genitiv „Christi" von „Christus" für viele noch schwer zu verstehen ist.

28 Eine Anlage mit vielen Sprachkanälen und Kopfhörern mit stabiler wie qualitativ hochwertiger Audioqualität kostet auch ohne Kabinen schon rund 15 000 Euro. Johannes Sidoruk betreut seit einigen Jahren die Tontechnik in Frankfurt-Nord (Mosaikgemeinde Nr. 1) und bietet an, die Suche nach einer gebrauchten Anlage (ca. 7000 Euro) zu unterstützen: johannes@sidorux.com.

29 Vgl. z. B. die Ausführungen bei Timothy Keller in *Center Church Deutsch,* S. 86–87 („Jeden Bibeltext auf Christus auslegen") sowie S. 78–79 („Veränderung durch das Evangelium").

30 Timothy Keller bietet einen hervorragenden Überblick über die Entstehung und verschiedenen Füllungen des Begriffs, die momentan unterwegs sind. In: *Center Church Deutsch,* Kapitel 19: „Auf der Suche nach der missionalen Gemeinde", S. 232–243.

31 Genaue Zahlen für Deutschland liefert z. B. das Statistische Bundesamt oder statista.com.

32 Vgl. z. B. Pastor Martens in Berlin-Steglitz, bei Johannes Süßmann, „‚Wenn wir uns als Selbstbespaßungs-Verein sehen, haben wir was verpasst' – Wie eine Kirchengemeinde in Berlin Hunderte Iraner aufnahm", in: Meinold/Lerz, *Warum wir das schaffen müssen,* S. 158–59.

33 Diese beiden Kernsätze habe ich von Timothy Keller übernommen. Vgl. z. B. *Center Church Deutsch.*

34 Laut Bundeskriminalamt stiegen 2015 die Attacken auf Flüchtlinge und ihre Einrichtungen auf 1027 Straftaten an (davon 173 Gewalttaten, 92 Brandstiftungen), während es 2014 nur 199 und 2013 lediglich 69 (!) waren. Bis zum Oktober 2016 waren bereits rund 800 ähnliche Straftaten registriert worden, auch die Anzahl an versuchten Morden nahm zu.

35 Vgl. die Studie vom Allensbacher Institut für Demoskopie „Was ist deutsch?" vom September 2016 unter www.ifd-allensbach.de/uploads/tx_reportsndocs/FAZ_September_2016.pdf (06.01.2017).

36 So Andreas Rauhut in seinem Artikel „Angst und Erlösung: Theologisch-ethische Betrachtungen zur Aufnahme von Flüchtlingen", in: Theologie der Gegenwart (ThG) 59 (3/2016), S. 202–217. Rauhut geht auf die sozialpsychologischen Wurzeln von Fremdenfeindlichkeit ein und führt eine Fülle an Belegen für die Unbegründetheit von Ängsten wie den Verlust der Wirtschaftskraft oder des gesellschaftlichen Zusammenhalts an. Sein Fazit: „Aus der Perspektive des nationalstaatlichen Nutzenkalküls ... lassen sich keine manifesten Bedrohungen, weder im ökonomischen noch im sozialen Bereich, erkennen" (S. 213).

37 Näheres dazu z. B. bei Herbert Brücker, *Auswirkungen der Einwanderung auf Arbeitsmarkt und Sozialstaat: Neue Erkenntnisse und Schlussfolgerungen für die Einwanderungspolitik,* Gütersloh 2013; S. 1–6; oder Holger Bonin, *Der Beitrag von Ausländern und künftiger Zuwanderung zum deutschen Staatshaushalt 2014,* Mannheim 2014.

38 Vgl. die Angaben des Statistischen Bundesamt unter www.destatis.de.

39 Belege bei Andreas Rauhut, „Angst und Erlösung", S. 209.

40 Hans-Werner Sinn, „Ökonomische Effekte der Migration", in: ifo-Schnelldienst 68 (2015), S. 3.

41 Vgl. die Bertelsmann-Studie „Globalisierungsangst oder Wertekonflikt? – Wer in Deutschland populistische Parteien wählt und warum", die im Wesentlichen zu dem Ergebnis kommt, dass Globalisierungsängste (z. B. um den Verlust des Arbeitsplatzes) für das Anwachsen rechter Bewegungen eindeutig entscheidender sind als Wertekonflikte mit einer liberalisierten Gesellschaft. Nachzulesen unter www.bertelsmann-stiftung.de/fileadmin/files/user_upload/EZ_eupinions_Fear_Studie_2016_DT.pdf (06.01.2017).

42 Vgl. ebenfalls die Allensbach-Studie „Was ist deutsch?".

43 In einem persönlichen Gespräch 2016.

44 Vgl. den Online-Artikel der FAZ unter www.faz.net/aktuell/politik/inland/neue-studie-deutsche-ueberschaetzen-anteil-muslimischer-bevoelkerung-enorm-14573677.html (06.01.2017).

45 Vgl. den klassischen Text von Bill Musk, *The Unseen Face of Islam,* London 2004 (Kregel Publications).

46 Mehr zu den Ängsten vor dem Islam im Anhang A., z. B. Christoph Irion (Hg.), *Wer hat Angst vor dem Islam? – Beiträge zu einer aktuellen Debatte*, Holzgerlingen 2015 (Hänssler), und Eberhard Troeger, *Der Islam und die Gewalt*, Gießen 2016 (Brunnen).

47 Accad ist Direktor des *Institute of Middle East Studies* am *Arab Baptist Theological Seminary*. Zitiert nach: Jeremy Weber, „Grapes of Wrath“, in: *Christianity Today*, September 2016, S. 27.

48 Ähnlich sah es Andreas Baumann schon 2003 in seinem Buch *Der Islam – Gottes Ruf zur Umkehr?*, Basel 2003 (Brunnen).

49 Ausführungen nach Johannes Süßmann, „‚Wenn wir uns als Selbstbespaßungs-Verein sehen, haben wir was verpasst‘ – Wie eine Kirchengemeinde in Berlin Hunderte Iraner aufnahm“, in: Meinold/Lerz, *Warum wir das schaffen müssen*, S. 151–161.

50 Nach Süßmann, „Selbstbespaßungs-Verein“, S. 151–160.

51 Süßmann, „Selbstbespaßungs-Verein“, S. 160.

52 Süßmann, „Selbstbespaßungs-Verein“, S. 160–161.